第三届全国道德模范评选表彰颁奖典礼——《德耀中华》在北京举行，白岩松主持中。

由中央电视台和光明日报社联合主办的《寻找最美乡村教师》大型公益活动录制，白岩松在主持中。

第七届世界华文传媒论坛大会在山东青岛市召开，白岩松主持大会。图为代表在台下向白岩松索要签名。

2012 年奥运会火炬传递第 36 日，白岩松参与传递。

2012 年中央电视台《感动中国》录制现场。

2014年“两会”在北京召开，图为人大代表白岩松被媒体记者采访。

白岩松参加联合国艾滋病规划署－中华红丝带基金“世界零歧视日”活动。

行走在爱与恨之间

白岩松

北京联合出版公司
Beijing United Publishing Co.,Ltd.

图书在版编目（CIP）数据

白岩松：行走在爱与恨之间/白岩松等著．—北京：北京联合出版公司，2014.4（2014.7重印）（2014.9重印）（2014.11重印）（2015.1重印）

ISBN 978-7-5502-2774-3

Ⅰ．①白…　Ⅱ．①白…　Ⅲ．①随笔－作品集－中国－当代　Ⅳ．①I267.1

中国版本图书馆CIP数据核字（2014）第061469号

白岩松：行走在爱与恨之间

作　　者：白岩松等

责任编辑：王　巍

封面设计：刘红刚

版式设计：大汉方圆

北京联合出版公司出版

（北京市西城区德外大街83号楼9层　100088）

北京市雅迪彩色印刷有限公司　新华书店经销

字数：187千字　880毫米×1230毫米　1/16　印张：17.5

2014年5月第1版　2015年1月第5次印刷

ISBN：978-7-5502-2774-3

定价：39.80元

目　录

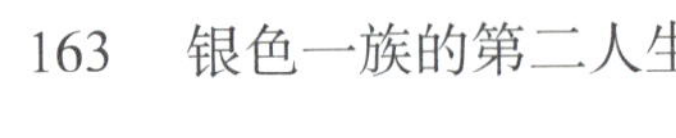

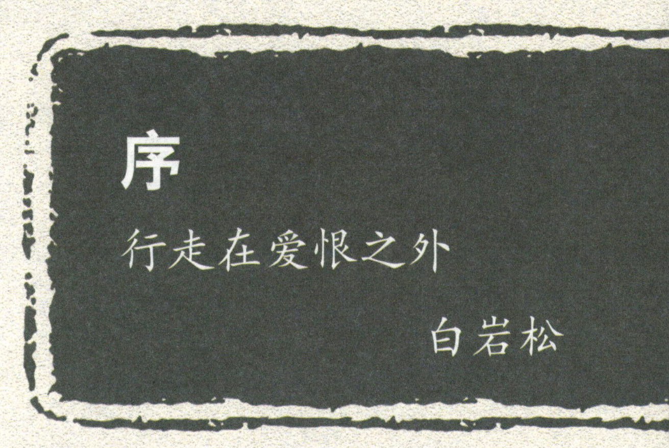

序

行走在爱恨之外

白岩松

这本书，是2007年《岩松看日本》系列电视节目的文字版本，时隔七年，文字可以恢复原状，历史不能了。

《岩松看日本》策划于2005年台北的台风之夜，当时中日关系处于低谷。出发念头诞生时，安倍晋三刚当选为日本新首相，首站出访，便选择北京。而现如今，七年过去，中日关系处于更低的谷，日本的首相又是安倍晋三，不过，同一个人，却是不同的面孔。七年前，他想成为破冰者；今天，在中日关系中，他是加冰者。由此可见，两个国家的关系，寄托于个别领导人的身上，是完全靠不住的。

那靠什么？

归根到底，对于中日关系的真正正常化，要靠中国的实力。中国真正强大了，一切都好办。但在此之前，对对方的了解与镜鉴也万分重要。古人说：知己知彼。了解对方，了解自己。而有时，认真地了解对方，也是了解自己并让自己变得更好的一条路。《岩松看日本》就是因为这个原因而出发的。

去得多了，了解得多了，有些事情就不再那么简单。比如靖国神社，这是中日关系绕不过去的一个坎儿。表面上看，人们的愤怒，来自于那里供奉着“二战”甲级战犯的灵位，而实质上，比这灵位更可怕的是仿佛无形的靖国史观。在靖国神社中的游就馆里，日本一些人为“二战”翻案，美化侵略行为，不认同战后的东京审判。而在这种扭曲的史观中，日本一些人的矛头直奔美国，直接对抗人类的正义与公理。也因此，了解才会知道真相，才更该让世界明白，日本的向右滑行，绝不仅仅是中韩不高兴的问题，而是人类不高兴的问题。我们有责任告诉世界：要警惕日本的右行。

这是了解才会得出的结论，这了解，与《岩松看日本》的行走与采访有关。

看日本，躲不开看到美国，战后的日本，很多方面，是“美国制造”。

美国与日本的关系奇怪又正常。两国曾经有过激烈对抗，都在对方身上留下过深深的伤口。日本袭击了珍珠港，美国向日本扔了原子弹。战后日本，包括宪法在内，一切都由美国来定。仿佛距离很近，其实谁也不会忘记历史，这种相处很奇怪。

但其实非常正常。你如果更多地了解日本，就明白，这是一个习惯于“傍大款”的国度。从之前的“傍中国”到如今的“傍美国”，你若真强，他就真服，然后就真的靠近你。这其中，有一种日本式的生存逻辑，也符合他的利益。而对于美国来说，自然也是利益。有这样一艘不沉的航空母舰停在亚洲，何乐而不为？更何况，中日韩关系很好，走得很近，美国不会高兴；但如果真走到刀枪相见，美国估计也不愿意。因此，美国为自己的利益，也在中日韩之间玩着一个危险的游戏。但在利益与“日本尽在掌握”的强者心态中，日本的公然右行，美国这个“价值观大国”又该如何对得起自己的价值观呢？又或者，只是利益高于一切？

别人是靠不住的，还是要靠自己。

历史过去得久了，很多事儿已经模糊，今天的中国年轻人，可能想不明白，几十年前，一个四亿人的中国，为何被七千万人的日本侵略多年？

落后就要挨打，这句话是真理。但也太空洞。前不久，翻一本书时，其中的一些数字可当辅料：1938年，日本年产钢580万吨，中国是4万吨。当年中国全国大学生4万多名，发行量最大的《大公报》不过发行8万份……这些数字，是否可以说明“落后就要挨打”的道理？

那今天，我们强大了吗？

上世纪八十年代，是所谓的中日关系蜜月期。想想也应该，刚刚打开国门，中国的落后一眼可见，我们急于前行与发展，其他的顾不上；而日本，还有内疚之心，看这么落后的中国，感受不到威胁，反而能帮一把是一把，于是，加上老一辈两国领导人的大智慧，中日关系蜜月了一段。但到了九十年代，这蜜月烟消云散。从那时开始，中日关系与中国的发展成反比，与日本经济的停滞成正比。随着中国GDP超过日本，这种关系更沉入谷底。其实不奇怪，中国强大了，可日本还不习惯，还没认同你真的强，还没有服气，反而“中国威胁论”上涨，这个时候，中日关系处不好，不难理解。

什么时候，两国关系真的会平静、平衡、平常一些？

在东京，在《北京·东京》论坛上，我曾公开表态，过去一百多年，中国落后于日本是不正常的，你们有责任，我们自己也要反思。现在，中国经济总量超过日本才是正常的，而且只会越超越多，你们应该习惯，习惯了就好了……

我还有没说的话，是现在中国GDP超过日本还不到2倍，等到超过3倍或4倍时，中日关系的情况可能会比现在好得多。但问题是：回到国内，我们是不是都有这样的共识？中日关系，决定因素在中国，强大，才是对日本最好的制衡。一切也才能简单起来。没有真正的强大，只喊口号，是解决不了历史积怨的。而如果你真的强大，对方也认可了你的强大之后，爱与恨，也就不再是个最重要的情绪。

时间在中国这一边。但历史告诉我们：没有外人可以打败我们，我们自己却可能败于自己手下。想要战胜别人，首先要战胜自己。而想要战胜自己，需要每一个人的进步与努力，你什么样，中国就什么样。

有理有礼有节，保持冷静，继续前行，才是当下中国最该有的态度。无论是国家还是个人。

几年前，强调行走在爱恨之间，是感受；而现在，我更愿意说“行走在爱恨之外”。因为“之外”，是媒体该有的态度和责任。《岩松看日本》之后的7年，我看到越来越多走近日本的行动与文字，这是对的。不管目的是什么，“知日”都是必经之路，也只有真正的“知日”，才可能“制日”，不让他在右行的路上越滑越远。更何况，日本身上还有很多我们该借鉴的优点。看到，拿过来，提升自己，没什么不对。所以，这种对他国的了解，永远应当在路上。

《岩松看日本》已经是过去时，但有些东西不会过时。时间，是世界上最有力量的东西，两国之间的仇恨与“蜜月”，在时间的面前，都可能只是一瞬。行走中的相处，是永远的课题，但愿这书中的一些文字，仍有现实意义；或哪怕只让你有瞬间触动，也对得起多年前的行走。更何况，行走不该停止，我会继续，相信你也同样如此。不管目的地是哪儿，好奇与清醒的行走多了，中国的未来才会更加让人好奇。

时间过去7年，文字仍被重印，感谢磨铁出版人与编辑的看重，这看重，相信小部分是商业行为，大部分是责任与思考的结果。也因为后者，我们在同一条路上。

最后，当然是感谢您对本书的“打开”。打开，书与文字才有了最终的意义。

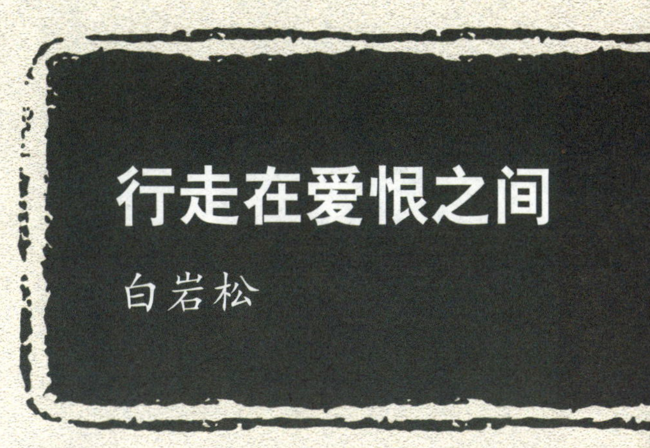

行走在爱恨之间

白岩松

似乎是一个轮回，上一次因为做节目而紧张是10年前，1997年的香港回归，那种紧张，是因为经验不足的苍白感造成的；而这一次，10年之后的日本之行，却让我再度紧张并感受压力。原因不是经验不足，而是因为太清楚此次出发的不易——放纵情感，理智不会答应；而一味理智，公众的情感又如何面对？也因此，《岩松看日本》，分寸的拿捏成了最富挑战性的工作，像是一次赌博，容不得分心，带着压力出发。

飞往东京的飞机是上午9点起飞，我到达机场时是7点半。手机收到母亲发来的短信，字里行间，尽是对中日间恩怨情仇的诠释，以及希望我在看日本的过程中字斟句酌、谨慎并更理智的期待。我猜想，这短信的内容，必是母亲一夜未睡或几夜未眠的产物。看来，紧张与压力不仅仅属于我一个人。

但是我们必须出发，不为别的，只为我们注定永远拥有一个不会搬家、以为很熟悉其实却很陌生、关系已经到冰点的邻居——日本。

去看日本，这个念头不是冲动的产物。两年前的《岩松看台湾》之行，最后一天晚上，台风在窗外肆虐，我们都闷在酒店里闲谈。面对将要结束的台湾之行，有同事问：“下一站看哪儿？”

我答：“看日本。”

“为什么？”

“因为两国关系正处于僵局，媒体可不可以做些什么？同时，日本依然了解我们，可我们并不了解日本，面对未来，这是危险的！”

众人同意，但没人兴奋，因为谁都知道，以当时的中日关系，看日本像是一个虚无缥缈的梦，比未来近一点儿，却比现实远得多。

一年后，我有机会去日本进行短期采访，见到了日本外务省有关官员及 NHK 的同行。当时我提出将要看日本的设想，并探讨可行性，对方的态度同样积极，这让我看到一种可能。回来后，在与《北京青年周刊》编辑的聊天中，第一次透露出正式准备《岩松看日本》，被问及时机何在？

我说："2006年底，小泉离任，新首相上台后不会第二天就去靖国神社，这为看日本留出宝贵时间。"并且在这次聊天中，我把看日本的定位确定为一句话：在爱和恨之前，先了解。

这些内容，都白纸黑字留在了杂志文章中。当时是2006年的4月初，中日关系依然在冰点，不过，我们已不像一年前那样悲观，因为隐隐感觉到一种变化即将出现。

从创意到开始实施，时间过去了一年半，却依然比我们最初的设想快很多，《岩松看日本》正式拉开大幕；之后，一切顺利。

那么，去日本看什么？

首先是听，听日本各界的声音，这一个目标将由人物专访来实现。

最初的目标是专访8个人，最终却完成了11个人。虽然有近一半的被采访者是我们到达日本之后才最后敲定的，但顺利程度已经出乎意料。这其中对当届首相夫人的专访、对《读卖新闻》老总渡边恒雄的专访，以及对日本前首相中曾根康弘的专访让人印象深刻；而渡边淳一、栗原小卷、滨崎步、谷村新司等其他几人的采访同样超出期待。最重要的是，他们代表了日本社会的各界精英，听的范围得以确保，这是最关键的。

接下来是看 8 个与日本社会有关的专题。看什么呢？

从 2006 年 10 月起，我们请国内各界熟悉日本的朋友来为我们讲课，以便确定内容。最后达成共识：去看那些中国有，日本也有，但日本先行一步的领域。把日本当成一面镜子，走近他们，照得见中国。于是，环保、老龄化问题、防灾、动漫、传统文化的保护等主题被确定下来。在这些领域，日本先行一步，有他们成功的经验。去看去思考，这毕竟与我们的未来有关。所以，我一直有个感觉，与其说这是在看日本，不如说是换个角度看中国，这才是我们出发的另一个目的。

在看日本的过程中，我一直在两种角色中转换，一个是新闻人，一个是中国人。例如走进靖国神社，你面对其中对历史的扭曲，中国人的身份想克制都不太可能；即使这样，我也要时刻告诉自己：你是一个新闻人。于是，让客观、观察、理性等字眼占上风，是日本之行从头到尾的自我约束。

离开理性与客观，新闻将毫无力量！

当然，在拍摄环保、防灾等日本做得不错的内容时，中国人的身份也时刻存在。在这些领域，我们也应当可以，甚至做得更好；然而这一切，都要从今天承认差距并认真学习别人的经验开始。我们不该用愤怒遮蔽了自己的双眼，不管对方是谁，不管他曾经做过什么，哪怕他只剩下一个优点，我们也该把它学来，让自己更优秀，这才是一个大国的心态。在我看来，一个真正有力量的大国，性格中必有以下的品质：理性，对人类的未来承担责任并永远完善自己。

没人知道中日的未来会走向何方。或许在目前，任何过于悲观和过于乐观的看法都缺乏依据。

学会在存在问题并能解决问题的过程中交往，是未来几年中日间的课题。

这个时候，我更愿意相信，先把爱恨放到一边，去了解是最好的一个选择，了解得多了，一切皆有可能。《岩松看日本》就希望是一次行走在爱恨之间的旅程，虽然，它依然只是一个开始。

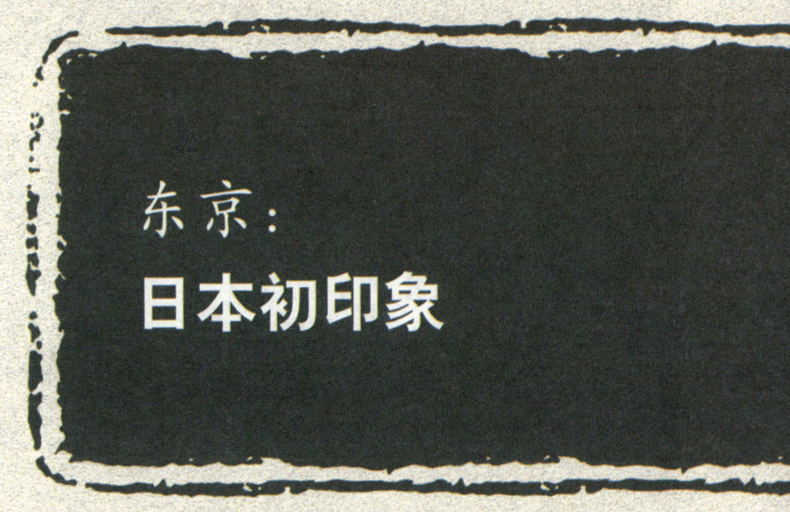

东京：日本初印象

2007 年 3 月 5 日，当我们飞往日本东京时，采访组除我以外的所有人都是第一次前往日本。当时正值中日关系的低谷，右翼色彩浓厚的小泉内阁刚刚卸任，年轻的安倍首相初掌政权。日本是一个什么样的国家？在书本之外它是一个什么样子？中日关系会走向何方？我们不知道，我们很好奇。作为记者，我们明白在中国的对外关系中，中日关系的分量有多重。中日之间如果不能培养一种信任互利的国家关系，对两国都是一种沉重的压力。所以，我们决定走进日本，了解日本，介绍日本。

2007 年 3 月 5 日《岩松看日本》采访活动正式起程。早上 6 点左右我们赶到首都机场，9 点 10 分乘国航 925 航班飞往日本东京。很快，好像刚打了一个盹儿，广播里就通知请系上安全带，飞机开始下降，东京到了！真快啊，只飞了不到 3 个小时。据说今天是顺风，飞快了。可见日本离中国之近，真是“一衣带水”。

从高空看日本国土，虽然春天还没有到来，树林尚未泛绿，还是感觉到了日本空气的清纯，森林、农田、房屋轮廓清晰，十分整洁，看不到有裸露的荒土。这一点，随着飞机降到东京成田国际机场，感觉更加强烈。偌大的一条机场跑道上，真的看不见一片落叶、一点儿垃圾，这也许是当时我们见到过的最干净的机场了。

机场离东京市区有 100 多公里的车程，需要两个多小时。NHK 的关

东京浅草寺前的手工艺品一条街，它的主要顾客群是国内外的游客。

东京浅草寺。这是当地最为著名的文物景点之一，创建于628年，是东京最古老的寺院。江户时代将军德川家康把这里指定为幕府的祈愿所。其中有本殿的天顶画、院内耸立的五重塔等景点。

联公司MRI派人来接机，负责与我们联系的邹大庆和公司的老板吉野先生都来了，还有我们在北京已经认识的翻译杉本小姐也来了。简单寒暄几句之后我们立即进入工作状态，开始按照事先制订的采访计划进行工作。今天我们其中一组要立即赶到NHK总部洽谈相关采访行程。我们赶到NHK总部，与传送部的泽部长和国际部的广谷部长洽谈未来每一天的采访安排和节目传送事项。同时NHK还来了两个栏目的负责人，商谈在日本期间采访我们节目组的想法。很有意思，在场的七八位日本人，每个人都能说上几句中文，这很让我们吃惊。在中央电视台，决不可能每个人都会说几句日语。

当从NHK总部出来，夜幕已经降临东京。深深喘了口气，才感到“看日本”的第一天快过去了。从天不亮离家，到天黑时走出NHK大楼，十几个小时我们已经走出准备了好几个月的《岩松看日本》的第一步，一切顺利，种种的担心和顾虑虽然并未消除，但现在已经不管那么多了，径直往前走吧！

感觉东京气温与上海接近，风是温暖而潮湿的，吹在脸上很舒服。驻日本记者站的李卫兵陪我们一起回下榻的饭店，车行在东京的大街上，我们恍惚有种错觉，似乎并没有离开中国，仿佛出差到了中国南方的一

在东京明治神宫内，一场传统婚礼正在举行。

个大城市里。这里也很像台北，因为这里的街道、地名几乎全是中文的，行人和中国人毫无区别，人们的衣着也和中国南方都市并无多大差别……一眼看去，几乎与中国没有差异感，这跟去欧洲的感觉是完全不同的，这使我们心里有了一种莫名的松弛感。也许我们看到的只是东京一个夜晚的侧面，并不准确。

我们下榻的地点位于东京的市中心，在饭田桥，名叫后乐饭店。这又使我们想起了范仲淹“先忧后乐”的名句。问一旁的邹大庆，他说就是取自中国的这个古训，日本很多地名都与中国文化有关系。而且这家后乐饭店边上就是日中友好会馆，饭店提供中文服务，因为来这里下榻的大多是中国客人。

到了后乐饭店，果然服务台的服务生全可以使用中文交流。我们放下行李先吃饭。饭店的地下一层有一家中国餐厅，我们吃的却是日式汤面。10个人，一人一碗，花了1万多日元，合人民币660多元，一碗面条60多元人民币。日本的高物价果然名不虚传。

饭后，冒着大雨，全体采访组成员乘车赶到位于东京六本木附近的中国驻日本大使馆，时任中国驻日大使的王毅要和大家见面。使馆占地面积很大，建立于20世纪70年代初，在东京的各国使馆中算是一个大馆了。进了使馆，穿过大院子，就到了一幢独立的小楼，这里就是大使官邸。王毅大使在此等候我们，并请大家一起吃元宵。哦，这才想起来，昨天是中国传统的元宵节。边吃边聊，王毅大使认为我们采访组赴日采访的时机选得正好，并给我们介绍了很多日本的特点和中日关系的经纬。这些年来两国关系疙疙瘩瘩，根子上还有一个彼此认知的问题，要建立

时任驻日大使王毅和其他馆员与中央电视台《岩松看日本》采访组合影。

真正的睦邻友好关系，日本需要重新认识中国，接受中国的发展。为了增进双方的了解，不久后温家宝总理将访问日本，此时中央电视台全方位、客观地介绍日本，是做了一件很有勇气非常值得肯定的事情。王毅大使希望我们以冷静客观的目光将这个复杂的邻国介绍给中国观众。

从使馆出来，已经快晚上 11 点了，东京下起了大雨。无暇游览东京的夜景，匆忙又赶回饭店收拾行李，一大堆行李还放在饭店大堂里呢！大家分了房间，然后开了一个小会，布置了明天的采访安排，即刻休息。

日本，我们曾无数次地谈论过你，此刻我们直接面对着你，你到底会给我们留下一个什么印象呢？明天见，东京。

靖国神社：
极端的日本“二战”史观

靖国神社，这个中日关系中最敏感的地点，许多中国人都避之唯恐不及的地方，我们决定去采访。既然是阻碍两国关系和两国民众感情的最主要的屏障，为什么不去做一个仔细的了解、向中国观众做一个仔细的介绍？不然的话，中国民众如此反感靖国神社，却不知道靖国神社里有什么东西，这不是很奇怪的事情吗？

位于东京市内的靖国神社，最早叫“东京招魂社”，建于1869年明治时期，以纪念在日本内战中为恢复天皇权力而牺牲的军人。明治维新后开始供奉为日本战死的军人，包括甲午战争、日俄战争、第二次世界大战中战死沙场的官兵。战后，靖国神社由军方移交给民间社团管理，每天有大量的日本民众来此参观。由于近年来中国、韩国、朝鲜等国对靖国神社问题屡屡提出抗议，现在也吸引了不少外国参观者来此一探究竟。

靖国神社其实距离我们住的后乐饭店非常近，坐车也就五六分钟的时间。到了那里，最先映入眼帘的是马路边那个非常高大的“大鸟居”。之所以叫“大鸟居”，顾名思义，就是鸟可以在上面停留和居住的意思，也许还有其他的宗教含义。日本的所有神社都有这种“大鸟居”，非常像中国的大牌坊，看到它就标志着已经进入了神社。

靖国神社对游客全年免费开放，而对于这次中国媒体的采访和拍摄，

在1978年以前，靖国神社从来没有成为日本与周边国家的问题。但是，自从1978年秘密将14个“二战”中的甲级战犯供奉入内，其中包括战时首相东条英机和外相广田弘毅等，加上一些政府要员公开去参拜，麻烦就出现了。显然日本在这个重大问题上完全不尊重受害国人民的感情，而任何一个被日本侵略过的国家，都无法容忍日本官民对战犯进行参拜。但是，从日本的角度来看，目前显然不太可能将14个战犯的灵位从靖国神社撤出来。因此，靖国神社这个大麻烦一时没有解决之法。

这是靖国神社的主殿，也是供奉死者的地方。“二战”后，日本天皇每年都要参拜靖国神社，自从1978年战犯灵位进入神社被公开后，天皇就停止了参拜。有两种说法，一种说天皇主要是迫于舆论和国际压力，停止了参拜。另一种说法是天皇本人对战犯灵位进入靖国神社持保留态度，故停止了参拜。最近几年，日本一些政客多次鼓吹天皇应该参拜靖国神社，但都没有成功。

他们的态度十分谨慎。2007年2月份，我们就向靖国神社递交了拍摄采访申请。在经过近1个月的反复协商之后，3月初，靖国神社终于同意我们进行有限制的两小时拍摄，但拒绝接受采访。其实，相对于实体的靖国神社来说，一个精神的靖国神社才格外让人敏感。这个精神的靖国神社也被学者们称为“靖国史观”。为了更好地让大家看到在一个实体的靖国神社的背后究竟隐藏着怎样的一种历史观，我们还特别请到了刚刚拍摄完纪录电影《靖国神社》的旅日导演李缨和我们一起进入靖国神社。

靖国神社占地10余万平方米。1869年明治天皇为了纪念那些帮助

在靖国神社内有许多纪念碑，用以纪念战死者们。这块田中支队纪念碑，是为了纪念在日俄战争中战死的100多名官兵，这块碑是1934年由田中支队的幸存者建立的。战后这块石碑曾经被撤出靖国神社，但是1996年9月3日又重新搬到现在的地方。

他建立明治政府的战死者创立了“东京招魂社”。1879年，正式更名为“靖国神社”。1978年10月17日，靖国神社举行例行的秋季祭奠，并将被远东军事法庭判处死刑的14名甲级战犯以及1000多名在第二次世界大战结束后被处决的乙级和丙级战犯的所谓“英灵”放进了靖国神社并供奉起来。迄今为止已经有246万多个在历次战争中战死的军人被召为“英灵”供奉于此，其中80%以上是在“二战”中丧生的。他们的名字在这里被精确到个人，这其中有中国人熟悉的侵华战争和太平洋战争的主要决策者之一东条英机，南京大屠杀主要罪犯松井石根等。

在进入靖国神社的正门之前，在马路两边，有两个日本陆海军的大灯笼，也就是所谓的纪念塔。在这两个纪念塔的下方有16个浮雕，上面描绘了历次战争的场面，其中相当一部分都和中国有关：有1894年日本联合舰队击破清朝北洋水师；甲午海战之后攻占天津；1933年日军攻占山海关；还有日军攻克长城后在上面欢呼胜利的纪念性画面等。1945年日本战败后，为了掩饰其对军国主义的纪念，这两个纪念碑上的浮雕曾一度被涂上了水泥，但在6年之后，这些浮雕又重新显露了出来。

进入靖国神社的正门之后，我们需要到神社的管理部门办理采访手续，尽管事先已经联系好了，但还要领取采访证件，并被一一交代采访的注意事项，例如参拜大殿不可以拍摄、不要停留在神社的中轴线上拍摄等。但并没有因为我们是中国记者特别有所限制，好像这些规定对任何记者都是一视同仁的。NHK有一组记者本想跟我们一起进入到靖国神社里面拍摄，因为没有事先提出申请，居然被拒之门外。

拍摄过靖国神社纪录片的导演李缨，早早来到这里，协助我们一起进行采访。没有他的帮助和指点，在这座神社里，很多重要的纪念物我们都无法一一辨认和解读，他为我们的采访帮了大忙。

进入靖国神社这个大门后就是正殿。进入正殿，我们所有的拍摄将受到非常严格的限制，例如，不能采访游客，不能拍景物特写等。靖国神社的馆长拒绝我们采访，但是在书面上回答了我们的一些问题，其中两个问题让我们感触特别深。我们有一个问题是究竟有多少人来参拜过靖国神社。他说这么多年很难统计，但是去年一年来参拜靖国神社的人超过了500万。还有一个问题是参观者的年龄大致是多少？他回答说不太好统计，但是有一点非常明确，就是近年来参拜的年轻人明显增多。

靖国神社是右翼分子经常去的地方，我们来拍摄的这一天，没有见到右翼分子的身影。但是在有的日子里，在这里会看到数十万的右翼分子聚集到供奉着14名甲级战犯的靖国神社，并大肆进行军国主义宣传。按照日本神道的说法，靖国神社里所有的灵魂都聚集在一把军刀上，因此，参拜者只要来到这里进行参拜，就等于参拜了包括14名甲级战犯在内的所有灵魂。

进入靖国神社之后，在它的最右手边是游就馆。馆中展览的都是跟战争有关的各种物件，有战争兵器，日本士兵的遗书、遗物、照片以及宣传侵略战争的影视作品等。纪录片《靖国神社》导演李缨告诉我们，“游就馆”这个名字其实就来自中国典籍《荀子》里面的一句话，就是“君子游必就士”，意思是你要出游的话，就要去学习一些有德行人的规范和品行。它其实是一个战争博物馆，更是日本宣传所谓圣战的地方。

《岩松看日本》采访组在靖国神社的大鸟居前拍摄。

进入游就馆，我们看到馆内正循环播放着两部录像片。里面把日本对中国的侵略战争称为“支那事变”，把日本发动的太平洋战争称为“自卫战争”，历史在这里被完全扭曲着展示了出来。可能是心情的原因，我们并不想在里头待太长时间，觉得用生气或者愤怒这样的字眼概括我们当时的心情并不准确，用“荒唐”这样的字眼可能更准确。面对历史，如果有一定差距的话还能辩论，如果差距太大，甚至颠倒黑与白，你的感受可能就变成“荒唐”了。

这是我们第一次进游就馆。说实话，那个片子我们没有看完，相信每个中国人到那儿想看完都是很难的。愤怒到极限的时候会是笑。将来大家有机会进去，你也会有可笑的感觉，比如说那上面写道：“七七事变”时，因为中国人挑衅和开枪，所以他们不得不……我们就特纳闷，笑了：日本军队当时怎么会在这里呢？这是一个很奇怪的事情。那个片子里还不断有“我们解放了整个亚洲”等字句。很有意思，前年有一个日本教授，很真诚地——他绝对不是军国主义——问过我们，他说你不觉得我们去

靖国神社大门上和其他地方，处处可见这种菊花的标志，这是皇家的标志。这证明历史上靖国神社有很强的皇家属性和国家属性。

白岩松在靖国神社内采访纪录片《靖国神社》的导演李缨。李缨先生对靖国神社内的文物、展品、建筑可谓了如指掌，对其糊涂的历史观有尖锐的批判。纪录片《靖国神社》在价值观上是反战的，内容是客观的，在韩国放映时受到了广泛的好评。有意思的是，这部纪录片也在日本公映了，据说也是场场客满。更有意思的是，拍摄这部纪录片的资金是日本文化厅资助的，为此，日本有些右翼人士骂日本文化厅“卖国”。由此可见，在日本对“二战”和靖国神社的观点是多元的。同时，日本自称是一个民主国家，不同声音是可以自由争论的，作为政府是不能压制一方而扶持另一方，这为反思靖国神社现象提供了条件。

游就馆，是靖国神社内的一个历史展览馆。这个展览馆可不简单，首先它的名字跟中国相关，它源于《荀子》中“故君子居必择乡，游必就士”。它于1881年建立，“二战”后改名为靖国神社博物馆，1986年重新更名“游就馆”，展品主要是日本在近代战争中所使用的武器、军人遗品、战时资料等，其中有军人遗像约5000幅，特别是甲午战争、日俄战争、“二战”。

中国的东北，经过我们的建设，面貌的确发生了很多变化吗？他很真诚。我们的回答是，你如果有一天不在家，我们不经你同意把你家房门打开之后，给你来了个重新装修，你回来一看的确比你家原来装修得漂亮多了，你觉得我们做得对吗？他想了半天：“哦，你们说得对。”

采访结束即将走出靖国神社大门的时候，我们突然发现就在靖国神社大门的正对面，有“东京理科大学”六个大字。其中一个“理”字深深地触动了我们，任何的一种历史观应该讲理、有道理，要有理性，因为我们所有人应该信奉一句话“有理走遍天下，无理寸步难行”。

平心而论，靖国神社的环境是非常优美的，树木参天，古迹保护得非常好，洁白的和平鸽在此自由地飞翔、觅食……如果它仅仅是日本一个著名的体现神道思想的神社，那么它是无与伦比的。但是它自第二次世界大战以来越来越强调“为国捐躯”，排斥所有反战者、受害者的灵

这是日军在“二战”中使用过的战斗机。

这是侵华日军在华北战场上使用过的火炮，炮身上还可以看到弹痕累累。后来，这门火炮又随日军远征东南亚国家。

位入内，实际上已经演变成了为第二次世界大战、为罪人歌功颂德的地方了。这完全背离了日本传统神道对死者一律尊重的精神，意识形态的味道太重了。

在靖国神社大概参观了3个多小时，所看、所感，印象深刻。

晚上大家一起去了附近一家叫“和民”的居酒屋吃饭。久闻日本“居酒屋”大名，今晚亲身体验。其实居酒屋就是酒馆，又能吃饭又可以喝酒，像是中国普通的大众饭馆，当然到这里来主要是以喝酒为主，菜品不多，价格不贵，酒的品种比较多。日本人来到这种地方，一般点菜不多，主要是一壶接一壶地喝清酒，喝到女士没有了端庄，男人没有了斯文，胡言乱语，你推我搡……今天是我们到日本后第一次喝酒，大家这几天一方面很辛苦，另一方面老是吃拉面有点腻了，所以放开喝清酒，过把瘾。

这是靖国神社内的“军犬慰灵像”，以追念在战争中所有“为国捐躯”的军犬。在靖国神社里还有“军马纪念碑”，纪念在战争中战死的马匹。

和平博物馆：一种理性的声音

为了寻找一个深刻反思“二战”和侵略历史的博物馆，我们来到了日本的古都——京都。在著名的立命馆大学里，有一个“和平博物馆”，它就是我们要采访的目的地。立命馆大学的办学宗旨是“和平与民主主义”，所以一个能够正确反思日本侵略历史的博物馆会出现在以思想独立而著称的立命馆大学里，也就不足为奇了。

早晨，阳光从新干线高大的车站顶上射进来，透过酒店宽大的窗户照得房间无比明亮。昨晚我们连夜从东京赶到了京都，这里的阳光比北京早来 1 个小时，早上 6 点多钟，阳光已经非常灿烂了。

来不及吃早餐就匆忙到前台结账，然后赶往此次来京都的目的地——京都立命馆大学。大概 30 分钟的车程，就到了一处典型的日本京都旧式街道——一条条小马路、一座座小楼房，环境既整洁又安静。在一片小楼房中，有一座新式的并不十分高大的建筑，这就是立命馆大学的国际

立命馆大学的和平博物馆主要面向大学生，平时馆里参观者不多。展品内容主要集中于1931年至1945年日本侵华战争。展品以图片和文字为主，实物为辅，主要展品是日本的本土实物，而来自中国战场的实物非常少。这是一个遗憾。

在“二战”期间，立命馆大学和日本其他大学一样，许多青年被征召入伍，然后战死沙场。这个博物馆里有许多该校战死的学生名单和照片，还有他们入伍时发放的荣誉勋章、授带等等。说起当年这些青年学生为侵略战争而白白送命的往事，博物馆的老馆员不禁唏嘘不已。

和平博物馆了。

我们早听说那里有一个和靖国神社历史观完全不同的纪念馆。立命馆大学是日本的一所著名高等学府，每年报考人数超过 10 万，在全日本的影响力仅次于早稻田大学。而且在这里留学的中国学生有 600 多人，名列日本各所大学之冠。“二战”期间，立命馆大学也曾经把数千名学生送上战场。而战后，立命馆大学决意不再允许投笔从戎的行为，并把“和平与民主”定为教学理念。1992 年，立命馆大学创立了国际和平博物馆，这也是世界上第一家由大学开办的和平博物馆。在日本，有各种类型的和平博物馆，但大学自己创办的和平博物馆，只有立命馆大学一家。这个博物馆非常特别，和日本其他和平博物馆不太一样的是，它收集和

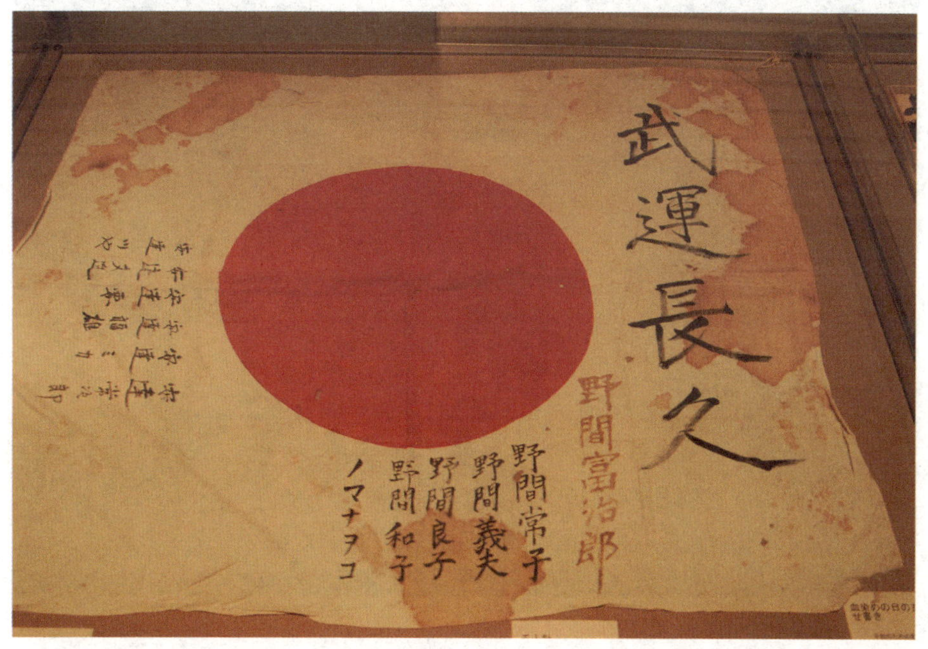

野间富治郎也是当年立命馆大学应征的大学生之一，后来战死沙场。这是当年他出征时，他的亲属们赠送给他的一面“武运长久”的日本旗，希望能够保佑他的生命。

整理了许多第二次世界大战时期日军犯下的战争罪行，对那段历史有着清醒客观的认识，这是立命馆大学的国际和平博物馆非常不同凡响之处。

因为这种情况比较少见，所以受到日本国内外舆论的格外关注。

立命馆大学与中华文化有着深切的联系，“立命馆”三个字就来源于孟子关于“修身”与“立命”的思想，一座孟子像就坐落在立命馆大

这张照片是“二战”时期，日本政府在国内征兵的情形，这是在进行征兵的体检。

学的校园里。这是中国国务院新闻办送给立命馆大学的。同时，日本第一座孔子学院也开设在立命馆大学里。

在展馆内我们看到了与靖国神社游就馆完全不同的展览。走进地下一层的展览区，我们看到了发生在20世纪20年代、30年代以及40年

代许多今天难以看到的历史真迹。例如当时日本军国主义政府在国内大肆征兵，许多正在读书的学生被迫弃笔从军的记录、留有日军阵亡者血迹的太阳旗、被子弹击穿的钢盔……最难得的是，这里有许多关于日军侵华的罪证。这里有侵华日军进行细菌战、毒气战的照片；有强征的资料；有日军有组织地对中国妇女进行性奴役、性强暴的证据；有七三一部队

1941年12月14日、帝国在郷軍人会京都支部主催により御所建礼門前でひらかれた「米英撃滅大会」。 提供／毎日新聞社

Anti-U.S./UK meeting held in front of the Kenreimon Gate of the Imperial Palace in Kyoto City under the sponsorship of the Kyoto branch of the Society of Reservists (14 December, 1941) Photo courtesy of Mainichi Newspapers

这是一张拍摄于 1941 年 12 月 14 日东京皇宫前的照片。此前的 12 月 9 日日本刚刚袭击了美国珍珠港，引发了日本国民民族主义情绪空前高涨。在东京的数万名日本军人，汇集到天皇的皇宫前召开誓师会，表示要彻底打败美国和英国。日本军国主义，何尝不是变种的民族主义？

进行活人实验的介绍；有进行细菌战的实物；有强掳中国劳工到日本奴役的记录；有南京大屠杀的照片……而这些在靖国神社的游就馆里是只字不提的。日本右翼想极力掩盖的一些事实，在这里被毫无遮掩、赤裸裸地展示了出来。

立命馆大学国际和平博物馆馆长安斋育郎说："靖国神社的游就馆是一个展示军事的博物馆，它的立场和看法跟我们完全不一样。我最大

1945年3月、鹿児島県志布志での竹やり訓練。 撮影／菊池俊吉

Training in the use of bamboo spears in Shibushi, Kagoshima Prefecture (March 1945)

Photograph by Shunkichi Kikuchi

这张照片拍摄于 1945 年 3 月，距离日本投降不到半年的时间。当时日本国力兵力已经陷入困境，连日本最偏远最南端的鹿儿岛的妇女，居然也投入到"全民皆兵"的阵营中来了，当时称此为"玉碎"。

1937年12月13日の南京占領を祝っている東京の街。 出典／「週刊朝日百科 日本の歴史」朝日新聞

Tokyo celebrates the occupation of Nanking on 13 December, 1937

Photo from *Weekly Asahi Hyakka, The History of Japan*, published by Asahi Newspapers; reproduced with permission from the pub

这是 1937 年 12 月 13 日，日本东京街头庆祝攻克中国南京的情形。

的遗憾就是日本没有这样一个能客观看待战争的国家博物馆。靖国神社一年有600多万人参观，可是参观的人大多不能从客观的角度去看这些展览。国家应该建立一个能够展示加害者、受害者，让大家看到真正事实的国家博物馆。立命馆大学在战争中也曾将众多学生送上了战场，致

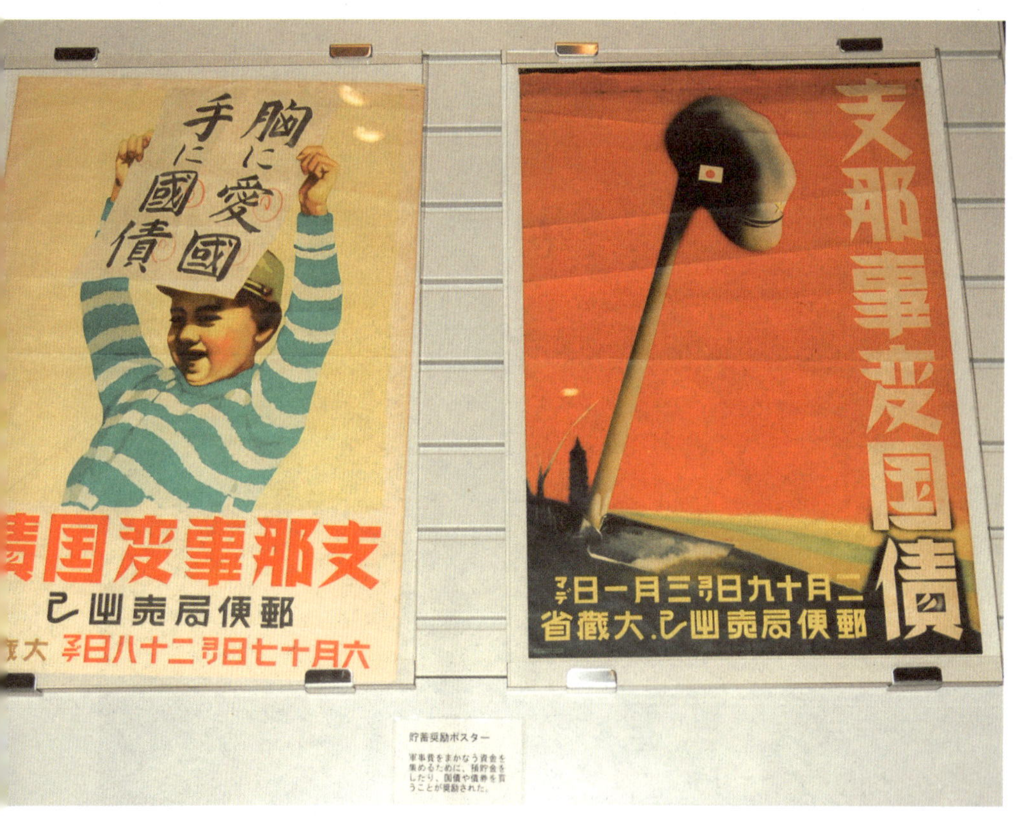

这是“二战”期间，日本政府向国民发放战争债券的宣传画，由此当时日本国内的民族主义气氛可见一斑。日本“二战”期间，无论军人还是百姓，官员还是商人，绝大多数都沉浸在狂热的民族主义感情之中，这是日本政府和军队发动侵略战争的社会基础。

使他们丧失了宝贵的生命。战后，大学决意不再允许弃笔持枪，把‘和平与民主’定为教学理念，所以建立了这座博物馆。希望能够协助学生们了解有关战争的真实历史，并思考能为建设和平作出怎样的贡献。”

进入立命馆大学国际和平博物馆，我们首先产生的是一种尊重，这让我们想起日本朝日新闻社的著名评论家若宫启文先生在小泉参拜靖国神社之后，他的感受。他跟我们讲，那天的感受不是愤怒，是伤心，为这个国家伤心。我们突然明白一个媒体人的那种感觉，我们看到和平博物馆的时候，产生的是尊重。

很有意思，从这个博物馆出来之后就看到两幅大型的壁画，壁画是画的，内容是创作铁臂阿童木的手冢治虫先生的漫画作品《火鸟》，《火鸟》是一部以生与死为主题的漫画。看到这些，那种感受一个是过去，一个是未来，我们很难说清当时那种非常奇妙的感觉。需要说明的是，靖国神社去年参观人数超过了 500 万，而和平博物馆这么多年加起来才 50 多万人。虽然靖国神社是一个开放的神社，去的人会很多，游就馆只是靖国神社的一部分，进游就馆的人并不是很多，但是和平博物馆是一个孤立在大学中的博物馆，有 3000 多名的中小学生去已经不错了。更让人不安的是，每年年轻人参观靖国神社的数字在增加，这是我们真正应该警觉的。

在立命馆大学采访时，见到一辆小汽车的车身上面挂着标语，还装了两个喇叭，一边广播着一边从我们身旁驶过。标语上写着：“捍卫和平宪法第九条。”落款是“日本共产党”。开始觉得有些好奇，日本还有宣传车？后来才发现这种宣传活动在日本很普遍，也是合法的行为。

这张照片拍摄的是中国东北抗日联军的一个分队指挥部，而这支部队的领导人（居中者），就是后来大名鼎鼎的朝鲜领导人金日成。

相比之下，日本右翼团体开出来的宣传车那才叫“声势浩大”：车大、标语大、喇叭大、动静大，老远就能听到声音。在大阪街头，我们就看到了右翼团体的大宣传车，装着一大排大喇叭，插着五六面日军在第二次世界大战中使用的军旗，在街头大声喧嚣而过……这才真正领教到了日本的“街头政治”。陪同我们的日本人说，在日本进行政治活动行为最文明、最有修养的是日本共产党，成员的文化程度也数日本共产党最高。最不文明、最扰民的是右翼党派。

神风特攻队：

一张单程机票

连续两天，我们完成了一次日本南方之旅，去了日本陆地最南端的鹿儿岛市。那里被称为“离中国最近的日本”，距离上海市只隔了一道窄窄的海峡。中国与日本在历史上最早的通商船舶，就是以九州的长崎为目的地的。鉴真大师东渡日本，也是在这一地区登陆的。九州观光协会的土井先生开车专程到机场来接我们，晚上入住在鹿儿岛湾最南端一个名叫指宿的著名的日式饭店——白水馆饭店。这里面对太平洋，站在

日本最南部的九州鹿儿岛县知览町，不要说外国人，就是许多日本人恐怕都没有去过。然而我们从东京直飞鹿儿岛，再赶往知览町，为的是一个特殊的目标：知览特攻和平会馆。事实证明我们不虚此行，完成了一次最有价值的采访。别看这个“知览特攻和平会馆”门脸不大，里面的内容和容量大得惊人。

酒店的房间里，就能饱览无垠的大海。在离这片海滩不远的海面上，就是被中外军事家们经常提到的一个地方——硫磺岛。第二次世界大战中

“知览特攻和平会馆”这个名字也许陌生，但一说“神风特攻队”，恐怕很多了解二战战史的朋友就会毛发悚然。马上会想起银幕上那些燃烧的战机，一架一架接连不断疯狂撞向美国军舰，那些被叫作“神风特攻队”的日本飞行员，就是在这个叫作知览的地方起飞，从而一去不回。这架陈旧的战机，就是当年神风特攻队队员们驾驶的机型。

一场十分著名、十分残酷的战斗——硫磺岛之战，就发生在这座海岛上。1945 年 2 月，美军为了占领日本，必须攻克日本南端的硫磺岛，因为它像桥头堡一样把守着日本本土。那场打了 1 个月的血战，双方损失极为

“自杀式攻击”，这是日本军队在战争后期最恐怖的发明。数千名日本飞行员，9000多架神风战斗机，成为了这场自杀式攻击的最后殉葬品。在“知览特攻和平会馆”里，多得无法计数的照片、衣物、信件等物品，向参观者展示着战争对人性和生命的残酷践踏。

在会馆里的墙上，有数千幅青年人的照片，他们都是神风特攻队的队员，全部葬身在了大海里。和平会馆没有对他们的“壮举”有丝毫赞美，更没有对所谓的爱国主义、民族主义有丝毫的肯定。相反，这个会馆从人道和生命角度，表达了对战时政府的不满，对生命断送的痛惜。这使我们对日本社会，有了更深一层的认识。

惨重，当时日本守军 26000 多人几乎全部战死；美军阵亡 6000 多人，受伤 18000 多人，这也是美军在第二次世界大战中伤亡最重的一场战斗。如今我们离硫磺岛咫尺之遥，在海浪的喘息声中，仿佛还能听到士兵的哀号……

“神风特攻队和平会馆”就位于日本南部的鹿儿岛，是我们考察日本多元历史观的最后一站。鹿儿岛是一个相对偏僻的临海小城，越过大海再往南，就是冲绳驻日美军军事基地。1944 年，也就是第二次世界大战结束的前一年，战争局势对日本愈加不利，特别是在太平洋海战的战场上，日军更是连连受挫、节节败退。为了阻止美军在海上的进攻，当年 10 月，日本组建了 8 个神风特攻队，招募成千上万的日本青年成为神风特攻队队员。9000 余架神风特攻飞机，采用直接撞击美军飞机、军舰这种疯狂而绝望的自杀式攻击阻挡盟军的进攻，为日本天皇效忠。当时有数千名日军飞行员参与这种恐怖的战斗，这在世界战争史上都是空前的。明知战败已成定局，还要逼迫士兵用这种方式去送死，这恐怕只有崇尚武士道精神的日本才做得出来！如今，在鹿儿岛建起了神风特攻队和平会馆。当前日本国内纷繁复杂的第二次世界大战史观，在这里展现出了既不同于靖国神社，也不同于国际和平博物馆的另一张面孔。

这是一次百感交集的采访。我们都知道第二次世界大战中日本“神风敢死队”的故事，却不知道故事的背后还有更多的故事。当时神风特攻队的总部就设在知览这个小镇上，因为这里是日本本土离美军太平洋舰队最近的地方。

在馆内最显眼的位置我们看到了一架实物飞机，讲解员告诉我们这

这些军服、飞行帽、飞行用品，都是当年神风特攻队队员使用的实物，战后一些亲属纷纷将保留的遗物捐献给了“知览特攻和平会馆”，希望能够警示后人。没想到，收到的捐赠数量多得惊人，我们在会馆里看了大半天，也没有能够全部看完。

是真正的神风特攻队战斗机，这架飞机的驾驶员两次前去攻击都没有死，这架飞机是日本现在保留下来的唯一一架。

馆内还有一面大橱窗，里面展出的是1036名神风队员的遗书、军刀以及4000多幅当时的照片，阅读其中的说明性文字，我们发现里面更多的是对特攻队队员年轻生命的惋惜和追忆，甚至多少还透露出了一种歌颂与赞扬。

在馆内，一张大海报吸引了我们的注意，上面几个飞行员都在开怀大笑，其中一个还抱着一只小狗。馆内讲解员告诉我们，上面的队员都是高中生，最小的 17 岁，最大的也只有 19 岁。当时的一个新闻记者看到这些少年都在嘻嘻哈哈大笑，还在互相开玩笑，就随手把这个照片拍下来了，但是他问这几个队员："你们什么时候出发？"他们说："明天。"

走在和平会馆里面，顿时就会觉得心情十分压抑。透过这些阵亡者的一件件遗物，有两种感觉会不断地冲击着内心。一是那些年轻军人的盲从和麻木令人震惊，遗物中大量的内容是效忠天皇、死而无憾的表白，

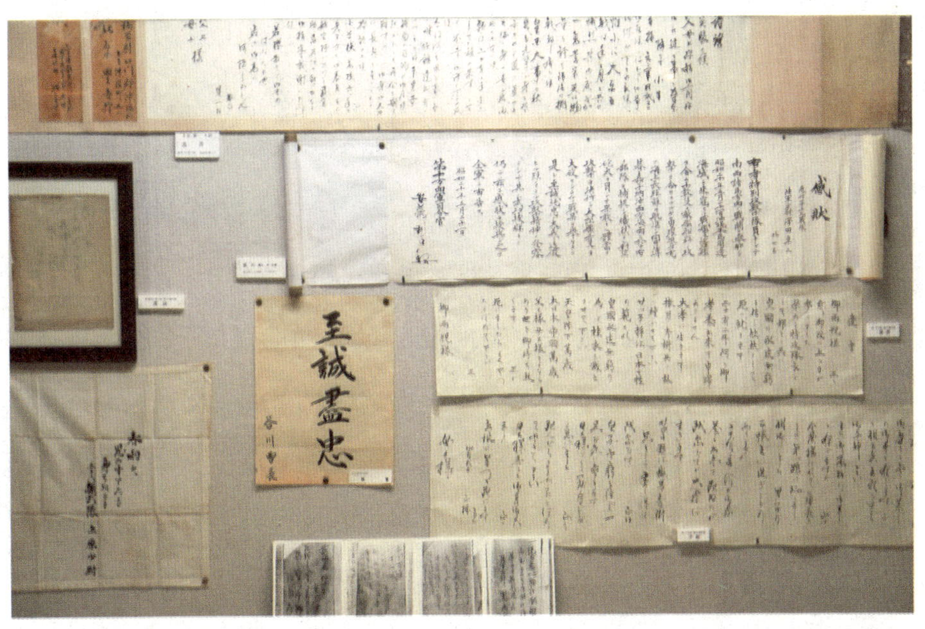

这些是神风特攻队队员在临战前写下的遗书。字里行间，流露着对天皇效忠、对国家尽义等狂热情怀，可谓"英勇壮烈"。可见，这些青年经历了军国主义和狭隘民族主义的洗脑，他们对生命价值的认知已经完全扭曲了。

甚至第二天就要去送死还嘻嘻哈哈地合影留念；二是看不到对这种惨无人道战争的反思，不说别的，就是这种逼本国人民当炮灰、视生命如草木的兽行，也应该受到起码的控诉！如果说，展示残酷本身就是一种控诉，这种控诉未免也太暧昧了一点儿。

和靖国神社一样，我们也希望采访这个会馆的负责人，但是得到的依然是书面回答。我们特别关注的依然是参观人数，他说每年在60万人至70万人之间。我们进行采访的这一天，鹿儿岛一直下着小雨，但是来参观的游客依然川流不息。其中大部分都是60岁以上的老年人，他们大多会聚集在神风特攻队队员写给母亲或妻子的遗书前唏嘘不已。

神风特攻队和平会馆讲解员说："这个纪念馆是想让更多的人参观后，认识到绝对不能够再一次发起这样残酷的战争，如果有人到这儿来参观以后，觉得还想再发起战争，我认为他是神经病。"

在会馆里我们还看到一个留言本，在上面我们能看到类似"感谢""痛""泪"这样的字眼儿，当然也有"和平""祈祷"。

我们在神风特攻队和平会馆拍摄的这一天，当地鹿儿岛读卖电视台、鹿儿岛放送、南日本放送三家媒体都不约而同派出记者对我们进行全程跟踪拍摄。我们拍摄结束后，他们对我们进行了采访。他们问得最多的就是面对神风特攻队和平会馆这样的纪念馆，中国媒体会作出什么样的判断。我们说很想知道，日本在面对历史的时候，都有什么样的面孔，靖国神社是一张面孔，立命馆大学的国际和平博物馆也是一张面孔，鹿儿岛的这个和平会馆也是一张面孔，可能把这些面孔拼接起来的时候，才是一张最真实的日本面孔。他们问我们参观完后的感想怎么样。我们说有一些理解，但更多的是一些遗憾，因为在这里看得到情感，却看不到一种更理性的思考。如果需要靠参观者自己去得出一种理解，那么他就有可能走向不同的道路。还有一个遗憾没有人告诉我们：这些年轻人为什么、背后是一种什么样的原因让他们成为武器的一部分。最后一个

不计其数的各种遗书、绝笔，反映了当时神风特攻队队员们的心态：既然国家已无胜算，不如个人拼死一战。而事实上，这些神风战机因为机械问题、油料不足、驾驶技术等原因，绝大部分并没有撞到美国军舰上。

遗憾就是我们注意到这些年轻生命的离去是一种悲剧，但是当他们出发的时候，也会导致别的生命的离开，而他们背后同样有父母和家庭。

这幅画作也是当年的作品，内容令人伤心怅惘，反映了青年飞行员和恋人为了这场侵略战争而惜别——永别。

从靖国神社到立命馆大学的国际和平博物馆，再到鹿儿岛的神风特攻队和平会馆，对于第二次世界大战的历史，以及日本在战争中所扮演的角色，我们听到了各种不同的声音，也看到了三种不同的面孔。首先，确实有不少人持有靖国史观，但并不能由此判断说它代表了日本绝大多数人的态度，只不过这些人的声音比较尖厉、刺耳而已。其次，像立命馆大学的国际和平博物馆那样，能够客观而公正面对历史的人，也确实不占多数。并且在当前的日本社会中，他们如果明确而坚定地亮出自己的观点，还是需要承受一定压力的。最后，更多的人对于那段历史的认识还是含混不清的，像神风特攻队和平会馆，他们愿意承认战争带来的苦难，但是却有意或无意地回避了当年日本军国主义发动战争的罪恶。这个采访让我们切实感受到，现实日本人的第二次世界大战史观是复杂和多元的。

在日本，绝大部分民众对第二次世界大战的反思就停留在神风特攻队和平会馆的水平上。他们更多是从受害的角度、从本国国民家破人亡的角度，来认识这场战争，并由此觉得和平珍贵，祈求不再发生战争。但他们很少去思考为什么会发生这场战争，是谁给日本带来了这场灾难？在日本灾难之外还发生了哪些灾难？这一点，神风特攻队和平会馆同样没有告诉我们和观众。这种历史是非观念的缺失，只有浅层情感的悲叹，这恰恰是日本今天需要反思的。

想起了今天到神风特攻队和平会馆参观之前，我们在一家当地的小饭馆吃饭，在好客的老板娘背后的墙上，就张贴着一张马上要上映的电影海报，它就是当时东京都知事、日本作家石原慎太郎的作品：《我正是为你而死》。石原慎太郎是日本著名的右翼政客，这部电影写的正是神风特攻队，内容自然可以想象。《我正是为你而死》是根据“神风特攻队之母”岛滨的真人真事改编。岛滨是日本鹿儿岛一家饭店的老板娘，她的饭店被日本军部指定为“神风敢死队员”的官方食堂。据影片描述，岛滨在队员们绝望走向死亡的时候，给了他们“母亲一样的关怀”。这部由石原慎太郎撰写剧本、担任制片的电影，公开歌颂侵略，把本应是“恐怖人弹”的“神风敢死队”队员描述成英雄。

日本啊日本，你曾经残害邻国，你也曾经国破家亡，你不会不长记性吧？

告别了知览町，下午5点我们又回到了鹿儿岛机场，告别了一直陪同的日本朋友，告别了九州，登机返回东京。

我们到“知览特攻和平会馆”采访，引起了日本当地媒体的极大兴趣。他们十分好奇，中国记者为什么会对“知览特攻和平会馆”感兴趣？中国记者能够理解日本民众对战争的看法吗？其实，战争对于人性和生命的戕害，我们只会比日本民众感受更深更痛，而且时间更久。一个民族不仅要铭记自己的痛苦，也应该了解别国的痛苦，尤其当别国的痛苦是自己造成的时候。

渡边恒雄：
敢于说不的新闻良心

《读卖新闻》是日本第一大报，也是世界第一大报，日发行量1000万份，由此可见它在日本社会中的分量，也因此，它的老总渡边恒雄被称为“媒体总理”。

然而很长一段时间，《读卖新闻》被认为是保守和偏右的报纸，与《产经》一样，对抗着日本5大报纸中对历史态度偏向另一方的《朝日新闻》等3家，2∶3，偏左略占上风。尤其是在日本如何面对历史问题的方面，《读卖新闻》的态度一直让人捉摸不透。然而从2005年开始，《读卖新闻》的老总渡边恒雄突然开始对小泉参拜靖国神社表达强烈反对，并与过去的对立面《朝日新闻》主笔若宫启文对话，声讨首相参拜靖国神社；之后又用1年的时间，对战争历史进行调查。一时间，整个日本为之震荡。当然，首相和其他政治人物也感受到了巨大的压力。这一切，都是因为渡边恒雄态度的变化。

在一间写有禁止吸烟醒目标志的会客室中，渡边恒雄一进门就旁若无人地点了一根雪茄抽了起来。我们的采访也同时在袅袅的烟雾中开始。

白岩松：在2005年6月份之前，不管是您还是《读卖》，可能更具有保守倾向。但此后您突然开始反对参拜靖国神社，后来又接受了《纽约时报》的采访。您为什么会有这种转变？

渡边恒雄：我本人的思想始终没有变化。战争中我曾经是陆军的二等兵，在军队里也受过很多非常残酷的待遇，所以我一贯反对军国主义。在我上小学的时候，学校强制组织我们去参拜过一次靖国神社，我自己从来没有主动去参拜过。最近由于日本首相参拜靖国神社，造成了日本与周边的中国或者是韩国之间的矛盾，特别是在日中之间，影响了外交

渡边恒雄先生。

问题，所以我才开始说出我内心真实的想法。我认为日本政党的最高首脑、总理大臣去参拜有甲级战犯的靖国神社，这种行为是不能容忍的。

白岩松：您也说过，我们不要去看中国人或者是朝鲜人和韩国人在说什么，但是日本要先自己去反省战争责任。您觉得日本人应该怎样去反省这种责任，或者说反省到什么程度您比较满意？

渡边恒雄：日本了解战争或者是体验过战争的人，绝大部分都已经不存在了。现在的人们多数是不知道那场战争的，并且对当时的战争没有任何责任。他们对自己的父辈、对自己的祖辈，到底做了一些什么事情、是谁发起的战争、谁是战争的牺牲者，可以说完全不了解。学校的教科书对现代日本历史、现代世界历史，也没有说清楚，我认为这是个非常不好的事情。今年我已经 80 岁，我可能在不远的将来就要去世了。如果我们都去世的话，就没有人讲述以前的事情了，所以我想抓紧时间，来告诉人们当时的情况。

白岩松：先生不仅说反对首相去参拜供奉有甲级战犯的靖国神社，而且说靖国神社本身就是问题。我想知道，您为什么会这么说呢？

渡边恒雄：因为靖国神社里面有一个游就馆，这个游就馆的解说文章最近可能会有一些修改。但是它以前曾经说过，战争是为了日本的自存自荣而发生的，是因为当时美国总统的阴谋所引起的。一个神社的负责人，为什么能够以 200 万、300 万战争牺牲者灵魂的代表来做这样的发言？我觉得这是一个非常非常可耻的事情，不可容忍的事情。

我的家就在靖国神社的附近，所以我经常带着我妻子，还有我养的狗一起在旁边散步。靖国神社里有一部分区域叫神域，是祭拜的地方。

像这些地方，狗是不能进去的。对我来讲狗很重要，如果狗不能进去，我当然更不愿意进去，我也不想进去。所以我和妻子，还有狗就不到这样的地方去。游就馆从门外可以看到里面，从外面只要看一眼我就会非常生气。因为在这里面，摆设着军马军犬等，好像都是英雄，战争让它合理化、神圣化。但是相反，在佛经和千鸟渊，也有墓地。千鸟渊墓地里面，埋葬的是战争结束以后，从中国的东北地区，当时的满洲国地区跑到这一带避难中去世的人，大概有35万牺牲者的骨灰，埋葬在这个墓地里。这里面没有战犯，也没有战争的发起人，所以我有时候，就到这个墓地去。当时花100日元，可以拿一枝菊花，我去供菊花，这里面确实是有骨灰的。但是靖国神社里面完全没有骨灰，只有一片一片写着名字的纸张，里面也包括甲级战犯与被处刑的战犯的名字。

白岩松：我听说您也劝过安倍首相，说不要去靖国神社参拜了，要是去参拜的话就去千鸟渊。这样的话，可以更好地去解决问题，是吗？

渡边恒雄：我已经说过多次了。我觉得国外的首脑来的时候，也可以去千岛渊，因为这里面是没有战犯的，就好像是到美国阿林多墓地去参拜一样，在几万牺牲者中有1/3是饿死的，而不是投入战争牺牲的。饿死的原因是谁造成的？就是日本的大本营，日本拒不投降所造成的。

白岩松：您曾经说过，在日本内部，都应该对那场战争进行很好的反省，让中国及韩国等国家接受。您觉得，日本怎样反省，中国和韩国等国家才能接受，您的分寸是怎么掌握的？

渡边恒雄：如果花了钱，对方就能够饶恕我，我对这种想法是不赞

成的。当然做经济赔偿也是十分重要的。但是我觉得还有另外一些反省的方式。再有就是中国的南京大屠杀的问题。我认为不管是 3 万也好，30 万也好，这个屠杀、这个行为是一个事实。

在安倍担任首相之前，我经常见他，当然他就任首相以后我也经常见他。但是担任首相以后，我见他的话，全部都会曝光，媒体都会知道的。在这之前我是悄悄地见他，我每次见他的时候都跟他说，你绝对不要到靖国神社去参拜。当时他曾经跟我说过这样的话：法国和英国的战争你是怎么看待的？比如说，法国也是占领过越南并把越南作为殖民地，或者荷兰把印度作为殖民地，美国占领过菲律宾等，过去发生过很多战争，法国和英国的战争等，说过很多历史上的战争问题。

我就跟他讲，这些历史上的战争确实是很多国家之间的矛盾和冲突。但是在整个历史发展的过程中，总是需要在某一个时期，把这些关系进行一次道义上的埋葬。埋葬以后，再重新诞生一种新的关系。他听到我的介绍以后，好像恍然大悟一样。他好像对过去的历史问题并不是很清楚，因为他自己的祖父本身是战犯。他可能非常喜欢自己的祖父，所以有一些肯定“二战”的想法。

白岩松：我的最后一个问题就是对于很多现在的年轻人来说，他可能会去游就馆、可能去靖国神社。他可能因为没有经历过那段历史，面对战争只会考虑到胜或者败、对或者错，或者骄傲的一种情感，或者伤感的一种告别等。但是对于您来说，是经历过那段历史的，在您的记忆当中，战争是什么？您怎么看待战争？

渡边恒雄：我觉得发动第二次世界大战，是非常恶劣的，完全没有战胜的可能性。只是显示了帝国主义的野性的战争，是犯罪型的，是不可容忍的、不可原谅的战争。世界的历史就是战争的历史，不发生战争的时期是非常短暂的。所以说，在历史上发生的多次战争已经是过去的事情，比如说谁好、谁坏、谁对、谁错。我觉得这个应该采取我刚才讲到的道义上的批判，有必要做这样的行动。对于第二次世界大战本身我是一个经历者，我还活着。对第二次世界大战进行道义上的批判还早。在我活着时，日本作为一个国家应该有一个国家的表示。比如说安倍首相和胡锦涛主席见面，来解决这个问题。我们为了形成这样一种气氛，可以建设周围的环境，或者基础环境。比如说我们报社写了两本书，已经用英文出版了，还将用中文出版。这本书可以让中国人了解日本国民有哪些反省，并且我们希望中国人向我们提出来日本人还需要继续受到哪些惩罚。白岩松先生作为中国著名的媒介人士，您觉得需要日本做哪些事情？

白岩松：我想我只是作为一个年轻人发表自己一个不成熟的看法，可能很多中国人知道德国在面对第二次世界大战的问题时，采用一种什么样的态度，并且得到了其他人的宽恕。日本同样真正认识历史之后，我觉得一切可能就过去了。

渡边恒雄：对于德国的历代总理他们采取什么样的行动，我也是非常清楚的。但是在德国总理到对方的墓地谢罪之前，德国和英国、法国或者周围的一些国家也都恢复了邦交，这个是事实。并且德国纳粹是企图要将一个国家、一个民族灭亡，日本还没有做到这个程度。当然日本也做了很多很多非常残忍的事情，日本国民就死了300万人。我如果能当总理大臣的话，当然我也没有当上，我说这些话也没有用，如果我当

总理大臣的话，我会像德国一样更早地解决这个问题。

这样的态度与话语，让我们对新闻人的责任与良心有了更深一层的理解，也从另一个角度在说明着一件事——在日本，声音大的不只是右派，还有渡边恒雄这样重量级人物的具有良心的声音。

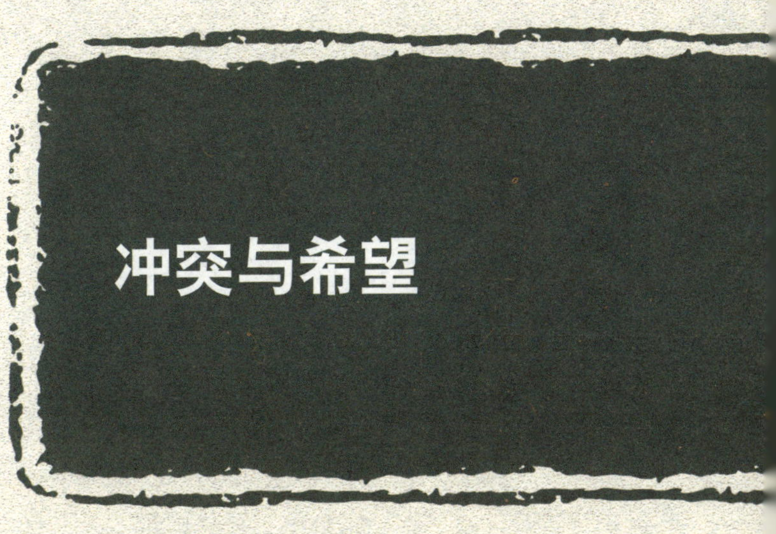

冲突与希望

下面一组采访非常特别，可以说体现出了目前中日关系的两种特质：冲突与希望。

旷日持久的劳工案

2007年3月14日下午2点，在东京的地方法院，进行了中国劳工案——“西松诉讼案”的宣判，日本法院判定中国劳工败诉。此案在案件发生地——新潟进行一审时，新潟法院曾宣判中国原告胜诉。那次判决，当时曾在日本朝野引起了轰动。之后，日本政府提出上诉，案件被移送到东京法院进行二审，结果中国原告败诉了。这种结果似乎人们已经预料到了，反倒是2006年新潟法院判定中国劳工胜诉大大出乎人们的预料。类似这种中国受害者状告日本政府和日本企业的案件，这些年已有多起发生，但胜诉的希望都不大。

东京法院门口今天很热闹，中国人、日本人、当地媒体，围了有好几百人。许多日本人还从各地专程赶来，声援中国原告。原告的律师团在法院门口召开了一个简短的新闻发布会，表示要继续上诉，将官司打下去！

回到宾馆时，遇到老朋友王选、康健等人，他们是专程来东京参加中国劳工索赔案的审判的。看来，他们对这些诉讼案的未来都不乐观，尽管毅力和决心不减当年。

2007 年 3 月 14 日，东京地方法院门口又一次变得热闹起来，汇聚了大量的媒体记者和民众，因为这一天，被日本媒体广泛关注的中国“二战”劳工案——“西松诉讼案”将要在这里宣判。

慰安妇问题再起风波

这两天日本媒体报道的一个重要新闻，是关于慰安妇问题的。美国国会一位日裔议员提出议案，认为日本政府对第二次世界大战期间军队强征慰安妇问题认识不够，必须向全世界再次作出深刻道歉。这件事在日本引起轩然大波，连首相安倍都出来讲话，说没必要再道歉。此言一出，又遭到美国、中国、韩国的批评，首相又连忙改口，又作道歉，好不热

来自中国的原告——那些中国劳工的亲属，还有他们的中国和日本律师，还有许多支持中国原告的日本民众，都汇聚在法院门口。每次法院调查或者宣判这些案件，都成为中日两国从事民间战争索赔的友好人士的大聚会。

闹。总之，在历史问题上，日本人总是会跟其他国家闹出麻烦，这的确跟日本人的注重细节不注重宏观、注重输赢不注重对错的传统文化心理有关。

这件事反映了日本政治界的一种暧昧。究竟是向左还是向右，什么时候是终点？所以这次我们觉得，当时日本的报纸也都登了，咱们的李外长在记者招待会上谈到了应该正视历史、正视慰安妇问题等，第二天报纸也都登了。但在这个问题上日本感受到的压力更大的是来自美国，因为美国有一个日籍的议员提出了议案，要求日本正式对慰安妇进行道歉，因此对日本产生了很大的压力。亚洲的很多国家应该看到，面对那段历史，已经不仅仅是中国和韩国的问题。现在很多国家都加入了，包括新加坡很早就提出了反对意见，包括这次美国的声音变得越来越大。当这种声音越来越多的时候，有助于日本不再漂流，回归和平宪法。但是也没有那么简单。

对于安倍首相第一次在慰安妇问题上的道歉，我们有很多人会有误读。那次他是例行地去 NHK 接受周末的一个访谈节目，后来我们登了很多消息，说安倍首相针对慰安妇问题道歉了。可是当时因为我们身在其中就明白他的语境，感觉就不一样。他前面有这样一句话："在广义上，我们是有责任的，但是在狭义上，我们是没有责任的。"意思是广义上毕竟日本发动了这场战争，有责任；狭义上日本没有派警察和军人直接到居民中去强掳慰安妇，因此他说从心灵上我对那些受害的女性表示歉意。如果把他这次谈话理解成道歉的话，我们对那些人深表同情，因为这是一种暧昧的语言。日本面对政治的时候，很容易听到暧昧的语言，

这场诉讼案件的结果似乎早已料到：中国原告败诉。东京法院的判决书很长，理由很多，虽然仍然败诉，但这些民间索赔者似乎并没有泄气，也不愿意就此放弃，在他们看来赔偿数额已经不再重要，而索赔活动本身意义重大。

如果单方面进行解读，很容易出问题。

看到索赔劳工案、慰安妇等官司陆续出现败诉，我们很难过，觉得日本的司法系统并没有尊重历史。但是同时我们也看到，陪着起诉者走进法庭去打这种官司的很多都是日本律师，所以，日本社会不是单一的，是多元的。这个感受太强了。

我们采访组记者在东京法院门口采访民间索赔者们。

The Japanese army forced women to serve soldiers as sex slaves in military brothels

軍隊慰安所で順番をまつ日本軍兵士たち。 撮影/村瀬守保

中国の日本軍隊慰安所。 撮影/村瀬守保

軍隊慰安婦

一五年戦争において日本軍は、兵士による強姦と性病感染を予防するとの口実で、みずからが管理する軍慰安所をつくった。そこにあつめられた慰安婦は、無権利状態で自由を奪われ、兵士たちに性的に奉仕させられ、性奴隷ともいうべきものであった。慰安婦には植民地や占領地の女性が多数であったが、だましたり、強制したりして、本人の意思に反してあつめられることが多かった。

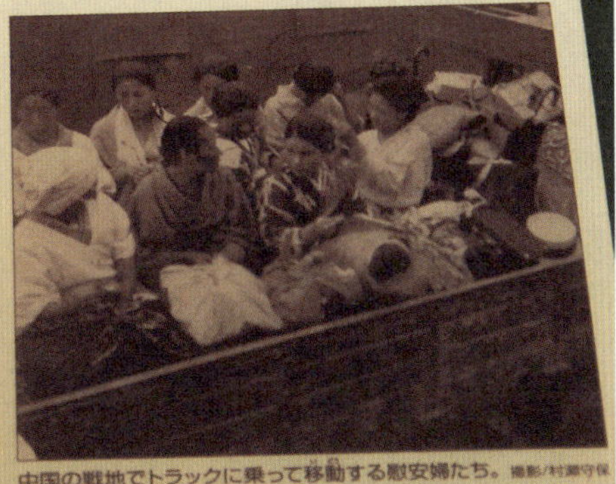

中国の戦地でトラックに乗って移動する慰安婦たち。 撮影/村瀬守保

在京都立命馆大学的“和平博物馆”里，有大量关于“慰安妇”的历史资料。这是侵华日军在中国强征慰安妇、开办慰安所的资料。

Citizens of Chungching disposing of the corpses of people who were killed in Japanese air raids

Photo courtesy of Katsumoto Saotome

ビルマ戦線で連合国軍に保護された日本軍の慰安婦たち。 提供／アメリカ国立公文書館

Comfort women on the Burma front under the protection of the Allied Forces

这是盟军在缅甸战场上解救的日军慰安妇，其中有的妇女已经怀孕。

从 2006 年开始，中日之间启动了“21 世纪交流计划”，每年都有数量不等的高中学生到对方国家进行短期考察和交流，也有长达一年的交流和学习项目。两国政府意识到，友好必须从两国青年的相互了解起步。我们在东京采访时，又一个来自云南的高中生考察团来到这里，开始为期 15 天的日本家庭生活体验活动。

来自中国的高中留学生

另一件事情，是晚上在东京的王子饭店，日中友好会馆举办欢迎晚宴，热情欢迎第五批中国高中学生来日本进行短期考察和交流。在晚会上，我们看到了来自中国各地的 200 多名高中生，他们在中日两国政府的安排下，将深入到日本各地的普通家庭和学校中，亲身体验日本社会的方方面面，从学校到家庭。这些孩子脖子上挂着照相机，手里拿着签名簿，如同来参加一次大 Party，反倒比规规矩矩的日本孩子活泼得多。

日中交流已经有 2000 多年的历史了，但民间的直接交流没有哪一个时期像今天这样频繁。2006 年开始启动的日中 21 世纪交流计划，内容是日本和中国的高中生互访。2006年至2007年3月，共有1000多名中国高中生来到日本。他们中有10天到3周的中短期交流和长达1年的长期交流。

从中午到晚上，从法院到宴会，这两件事发生在同一天，很有一种象征意义。中日关系就像今天一样，复杂、矛盾……因为有历史的包袱在身，这两个近邻的关系并不轻松；因为彼此相连无法分离，友好相处又势在必行。但有一点是清楚的，未来不是属于今天的政治家们，它掌握在眼前这些孩子的手中，他们会比过去的一代、两代人更有自信，他们肯定有勇气去超越仇恨、超越历史。

日本支持“21世纪交流计划”的机构和资金，全部来自民间，这一点跟中国不一样。一方面他们认为民间活动不可以用政府的钱，也就是纳税人的钱，另一方面，政府预算中也没有这种项目的开支。

防灾：
无处不在的国民意识

日本小学防灾演习

拍摄日本“民众防灾意识”这一集专题时，采访组的大部分同事先去了东京目黑区的一所小学，采访日本学校例行的防地震演习。

每年3月初的第一周是日本的全国消防周，在这段时间里，日本每一所中小学，都会对学生们进行一次和地震火灾有关的预防宣传活动。

这是东京目黑区的地震体验馆。在日本国土上，到处可见各种各样的防灾标志，每个小镇都有防灾的体验馆和避难所。在东京这种特大城市里，虽然寸土寸金，但是作为市民的公共服务项目，每个区都有不同特色的防灾体验馆。在东京市，“区”的概念要比北京小得多，东京下属共有23个区、27个市，每个区市都建立了防灾教育和体验项目，重点对未成年人进行灾前预防训练。

在东京目黑区的地震体验馆里，墙上有许多 1923 年关东大地震和 1995 年阪神大地震的大幅图片，当时还没有发生 2011 年的关东大地震与大海啸。都说日本人的防灾意识强来自地震频发，这只说对了一半。另一半还来自大和民族做事认真，恪守程序，逢事必做记录，吸取经验教训，尽力防止同样的灾害重现。其实从最近十几年来看，中国发生的强烈地震数量并不比日本少，除此之外还有其他的自然灾害，总数量远远超过日本。

我们恰好赶上了东京目黑区立东山小学进行的一次防灾演习活动，学校准备在不通知全校师生的情况下，进行一次全校范围内的防灾演习。我们准备对这个演习进行一次全程记录，看看孩子们应对突发地震的反应如何。目黑区立东山小学副校长久保荣说：“这种演习有的时候是上课的时候搞，有的时候是下课的时候突然就搞。”

按照学校的计划，当天防灾演习的时间定在上午的10点10分。此时，除了三年级两个班的学生在上体育课之外，其他的学生都在教室里上课。为了真实地记录下防灾演习开始后学生们的各种表现，我们分别在学校一楼的教务处、二年级四班的教室外面和一楼一年级四班的教室里面都设置了摄像机位。据了解，目黑区立东山小学共有师生1000多名，那么对于如何应对火灾地震这样突如其来的灾难，他们到底知道多少？当灾难来临时他们又会怎么做呢？

目黑区立东山小学副校长久保荣开始通过扩音器向全校发布地震警报：全体师生注意了！刚刚接到地震警报，我们所在的城市有地震的情

在日本，防灾救生产品之多，可谓令人惊叹。在东京这家地震体验馆中，展示了一部分防灾中的生活必需品。

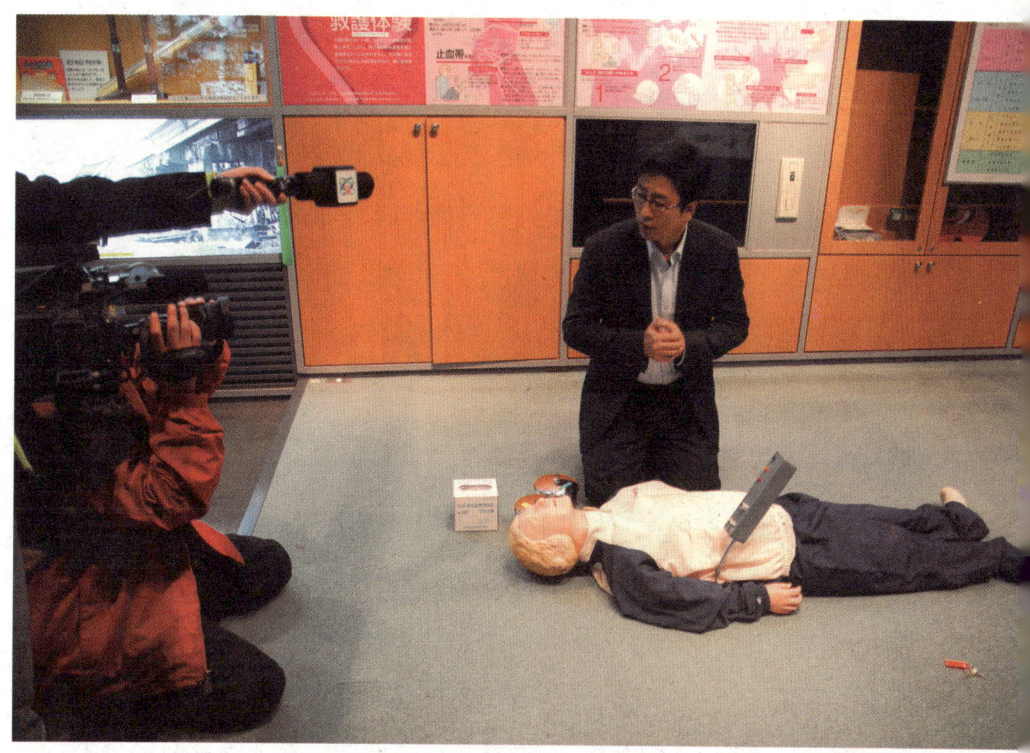

人工呼吸也是防灾训练必有的内容。在地震体验馆里，地上摆放着好几个伤员模型，提供给参观者进行模拟人工呼吸。白岩松也像来参观的日本孩子一样，学习如何正确进行人工呼吸。

况出现，请大家马上做好避难准备！做好应对准备！

听到地震警报后，二年级四班的老师马上下达躲避的口令，学生迅速钻到桌子下面。一年级四班的教室里，代课男老师马上停止上课，并且指挥学生们迅速钻到课桌下面，等待老师的下一步指令。我们发现，所有的老师和学生在听到地震警报后，都用最快的速度避难，而从听到地震警报到实施躲避，都是在 1 分钟内完成的。与此同时，防灾演习总指挥——久保荣副校长又下达了因为地震已经引起火灾的警报，教室里的学生们在老师的带领下，马上向操场的空旷地带集合。我们看到，学生们开始排着队往操场集合，这些孩子头上还戴着一个帽罩，主要是用来防烟火。很快，所有的学生都整齐地聚集在了操场中央，校长樱桥贤次先生总结了这次防灾演习的情况。就这样，一场毫无准备的防灾演习在短短5分钟内就完成了。在这次防灾演习过程中，让我们惊讶的不仅仅是全校1000多名师生在5分钟内就全部集合完毕的速度，还有他们在整个过程中始终如一的安静、沉着以及良好的秩序。我在现场采访了几位小学生。当地震发生之后，你应该做什么？目黑区立东山小学学生甲："首先我要保护自己的脑袋，然后注意周围有没有火，如果有火，先要熄灭。"学生乙："我觉得如果发生火灾的话，通常都是吸进去烟才昏倒的，所以不要站着，而是要爬着出去。"如果真的遇到了这样的灾难，会不会害怕？学生丙："因为我们平时经常做这样的训练，所以发生情况时我只要按照平时训练的要求来做就可以了，所以我不怕。"

当地震、火灾等灾难发生的时候，目黑区立东山小学还是周边居民的第一避难所。这个写着防灾资材仓库的铁皮房子，就是灾难发生时给人们提供避难物资的专用仓库。东京目黑区区政府防灾科科长崛井和孝说："目黑区总体上现在需要5万人避难的物资，全区一共有40个避难所，所以说每一个地方大约是1250人的容量。"

真是没想到，这个外表并不起眼的小房子里竟然储藏着灾难来临时能够给予人们生存保障的物资。崛井和孝科长介绍说，仓库里储存的食品保质期是5年，一般到第四年的时候就会更换，更换下来的食品又会

地震体验车是孩子们的最爱，剧烈的摇晃如同坐上了“海盗船”。不过，地震车上模拟了家庭环境，这种训练要求在剧烈的摇晃中完成一系列规定动作：断电、断气、断水、开门等等，让体验者身临其境，铭记在心。

在进行各种防灾演习时让人们吃掉，所以不会造成浪费。另外，仓库里还备有照明取暖设备和发电机等电力设备，还有可以组装的便携式厕所。这样看起来，避难物资已经足够丰富了，然而又该如何保障这些物资在灾害发生后的最短时间内就能投入使用呢？崛井和孝说：“在目黑区，这些人员都是区政府指定的工作人员。即使住得离这个区域比较远，最晚也要在1个小时之内到达。发生灾难的时候，这些工作人员马上就可以到学校来，立刻就可以进行组装，所以用的时间会很短。”

像这样的灾难体验馆，据说在日本各地有很多，几乎每个城镇、每个区都有，学校的学生每年都来这一类的体验馆接受一次亲身的体验。由此，自然会联想到日本作为一个多地震国家，这个民族的防灾意识有

在日本几乎所有的百货商店里都有“防灾商品柜台”，在东京有一个很有名的百货连锁店“东急百货”，它在全东京有许多家分店，它的地下商场居然专卖“防灾用品”，可见日本人的消费意识中，防灾占有很大比例。不然，一个连锁超市怎么可能拿出这么多的空间来经营防灾商品？

多么强烈。这种从小培养出来的防灾意识，每当灾难来临的时候，确实非常奏效。几年前哈尔滨一家名叫白天鹅的餐厅发生火灾，当时有一半的日本旅客在里面就餐。突发火灾，日本人全部逃生，30多位国人遇难。

同样的灾难，不同的反应，这的确反映出了两国国民的差异，反映了日常的防灾意识和训练的不同。

此外，日本有3000多个市、区、町、村，他们的自主防灾组织率大约为60%，多数家庭加入其中。日本最重要的防灾组织是“消防团”，各地都有类似“民兵联防”组织的消防体系和财政拨款，消防团的成员都是由精干的青壮年出任。他们经常训练，形成了地区防灾和互助的骨干力量。在日本，大街小巷都不难找到用来防灾避难的场所。许多居民社区，还会经常发布各区政府指导居民进行日常防灾训练与防灾活动的通知和安排。

灾难固然可怕，但是更加可怕的是人们在面对灾难时缺乏应对的常识，因此，在结束本期节目时，我们内心最大的感受就是，不管是社会还是个人，都有责任让公众拥有更多的防灾常识，这样“出入平安”才不仅仅是一句吉祥话，而能够成为现实。

深入人心的防灾观念

2006年7月份，一部名叫《日本沉没》的电影在日本上映。电影假想了一个因为巨大的海底活动——日本岛将在90天内沉没的情节，以“国家即将因灾难而毁灭”为重点，提醒在经济高速增长的过程中正在享受平静生活的日本人不要放松警惕，要永远保持危难意识。这部影片在日本上映后，立即引发了轰动并打破了日本票房纪录。电影中的情节是人们想象出来的，而1995年1月17日凌晨5点46分的阪神大地震却是日本人真实的集体记忆。这场大地震造成6434人死亡，将近4.4万人受伤，约65万座建筑物受损，经济损失达10万亿日元，这是日本在第二次世界大战后遭遇的最大一场灾难。为了纪念这场灾难，2002年，日本政府和兵库县耗资60亿日元，在神户市中央区建成了“人与防灾未来中心”。5年来，已经先后有来自世界各地的250万人到这里参观。

“人与防灾未来中心”馆长河田惠昭说：“现在的年轻人大都认为灾害与他们没有什么相干，也一点儿不了解灾害实际上会给他们带来多大的损害。他们到这里亲眼看见、亲身体验了这些事情以后，就会感觉到实际上灾害和灾难并不是和他们毫无关系，也许会在未来的某一天就降临，这些对参观的年轻人影响巨大。”

在“人与防灾未来中心”，不但可以在这个电影放映馆看到当年阪神大地震的模拟重现；也可以通过多媒体显示屏了解灾后重建的城市和街道；除了纪念和展示外，“人与防灾未来中心”还担负着培养人才、调查研究、派遣抗灾专家以及资料的收集和保存等多种工作，以把阪神大地震的经验和教训传给后世。日本千叶县我孙子市的一位老人，就曾亲身经历过日本历史上的两次大地震。“关东大地震时，我两岁，那个时候还不知道灾害的严重性。后来阪神大地震时才知道确实很严重，我还参加过捐款。”

在先后经历了1923年的关东大地震和1995年的阪神大地震后，老人深知地震灾害给人们带来的巨大痛苦和损失，所以，他和老伴儿多年来一直非常注重家庭防灾。我们看到老人家里的家具都有专门的装置和房屋墙壁固定在一起，防止地震时家具倒下伤人。老妇人还随手拿出一

我们一面在防灾商品区采访店员，一面也自己买了不少防灾用品。有一种小手电筒，既能照明，还有收听广播的功能。

些储藏的干粮，她说这些防震食品是她昨天刚刚从超市买回来的。老两口告诉我们，这些防灾用品只是家里储存的很少一部分。他们随后又把我们带到他们家的库房，抬出一个大箱子，里面水、食品、手电筒等几乎所有应对灾害的必需品一应俱全。这个家庭并不是专门为我们采访安排的，而是我们在采访老人社会话题时，顺便问了一下。没想到他们防灾准备如此细致，可见他们平时的防灾意识有多强。

在大娘家看到的防灾用品，无论从包装上，还是保质期上看，似乎和其他的生活用品多少还是有些差别，那么在日本这样的商品是不是随处都可以买到，在什么样的商店卖呢？于是我们又走进东京一家防灾生活用品店——东急百货。这是一家多层的百货商店，一走进地下一层的防灾用品商店，令人眼花缭乱的防灾用品就映入了我们的眼帘。这片柜台面积有三四十平方米，五花八门的防灾用品让你想都想不到，有防止室内衣柜倒塌的固定器，以及各种应有尽有的家庭防灾救险箱……销售员安士知宏告诉我们，近5年来，商店里的防灾用品销售额一直在持续走高，生意非常好。有一件物品特别值得我们借鉴，是12年前阪神大地震灾后制造出来的。它是一个大急救包，里头有十几种东西，如人们遇到地震之后最需要的水桶和各种各样的急救药品等，里面还有一个类似于电筒的东西，一机三用，既是电筒，又是手机的充电器，同时又是收音机。因为当地震发生时，往往没法通过电视去了解相关的灾情，通过这样一个收音机就可以了。这个包折合人民币不到1000块钱。销售员安士知宏说："五六年前，人们的防灾意识不强，主要是老年人来购买。但现在情况完全不同了，特别是到周末，很多年轻的男士或者是情侣来买。"

安士知宏说，目前东急百货一共有17家连锁店，每一个防灾用品专卖店里的商品都基本一致。由此可见，日本防灾体系已经贯彻到生活和商店流通领域，而且已经准备到了每一个细节。

看到这些防灾用品，我们想到的不仅仅是日本制造商们的精明，而是日本大众普遍具有的防患于未然的忧患意识。据说日本人出门办事，会自然联想到“如果今天发生灾害怎么办”，这是日本人从小养成的意识和传统，也训练出了各种应对灾害的手段。中国人则相反，有人一说到小心防灾之类的话，大家一定会呸！呸！让他少说不吉利的话。这种民族性的差别，从精神层面而言，确实有差异。勇敢面对，才有可能克服困难。许多时候许多问题，我们缺少勇敢面对的勇气。

除了建设纪念馆和体验馆普及防灾知识增强防灾意识外，日本政府对灾害预警等方面的科技投入也相当大。近 40 年来，日本包括科学研究

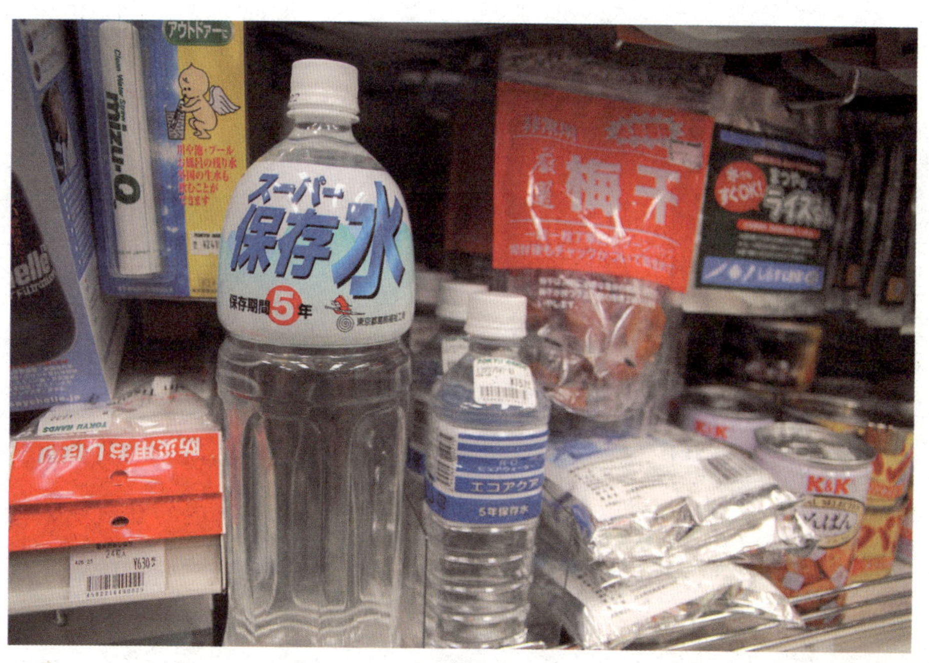

一种可以保存五年还能饮用的神奇的“防灾水”。

在内的防灾预算在国家整个年度财政预算中始终保持在6%至7%，发生特大灾害时比例还会明显提高。秋草直之是日本富士通株式会社的董事长，多年来他一直积极参与日本政府的防灾减灾工作，并担任过4年的日本内阁府东京地震委员会的委员，主要负责为日本政府防灾部门提供技术上的支持并担任管理顾问。他说："比如说海啸，如果事先预测到的话，可以提前预报，这样人们就可以提前避难，减小损失。如果没有这个功能，受灾者会增加几倍甚至几十倍。"秋草直之先生说，地震是日本发生最频繁的自然灾害，而怎样巧妙合理地利用地震波产生的时间差，迅速向民众以及交通运输等部门发出警报减小损失，是日本在防灾方面需要不断增强的。秋草直之还打开一个电子地图给我们介绍："这是一个日本地图，我们现在预测在东海地区会发生一个比较大的地震。如果发生地震，会发生S波和P波。P波先传，然后是S波，从东海地区到东京之间的传播速度大概有45秒的时间，那么在这45秒的时间里，我们就可以停止地铁、高速公路的汽车，可以同时发出各种各样的警报，让人们尽可能地逃生。"

在日本，地震发生时，如果地震部门预测到的P波相关数据已经达到了足够的破坏强度，当地的地震预警机制就能够在第一时间内自动启动，把警报信息发送到轨道交通、公路、民航等运输部门，以及企业、居民社区等部门，接到预警信息后，这些部门自身系统内的专用预警机制也会同时启动，并通知各部门和居民迅速作出防灾避难的反应，从而将灾害的损失尽可能降低到最小程度。在日本，这个系统是公开的，公司内部也可以利用这个系统，向周围的人们传递消息。

渡边淳一：

爱的顶点是死亡

在当代日本作家中，渡边淳一恐怕是中国读者最熟悉的一位，也是作品被翻译成中文最多的一位。他作品中对人性、爱情、性的描写，既体现了人类共同的认知，又有强烈的日本文化元素。虽然评论界对他的作品褒贬不一，但作为一名中日两国都知名的畅销书作家，通过他来了解日本现状，无疑是很恰当的选择。

渡边淳一是中国读者非常熟悉的一位作家，代表作品有《失乐园》《男人这东西》。他自己有一家事务所，位于涩谷体育馆附近，就在 NHK 的斜对面。老人 70 多岁了，却把自己的工作室安排在日本年轻人非常喜欢的街区——涩谷地区。今天采访他，是因为非常好奇。现在日本，人们在内心会有怎样的情感，而他又是怎样看待这些情感呢？老人精神头儿十足，谈了半天关于两性的话题。

白岩松：我想您的好多读者都特别关心，您的新书（中文译名为《爱的流放地》）内容是什么。尤其会关心的是，最后主人公是不是活着。

渡边淳一：这本书的主题是一对男女在爱的顶点的时候，男方掐死了女方，掐住她的脖子，然后女方死了。也就是说，在追求终极的爱时，用法律或者是法规，是否能够做到约束。我想提示的就是这样一个课题。因为这是一个竖式的主题。横式的主题，男性和女性，对于爱和性的感觉，以及顶点和快感的不同，也就是男性和女性的区别。

白岩松：无论是《失乐园》还是这部新的作品，都是描写中年，或者是岁数更大的一些人的感情。为什么会选择这样一些群体，而不是像很多人去写年轻人的爱情？

渡边淳一：其实我周围的很多作家，他们写了不少以年轻男女为对象的，比如说非常纯洁的爱，精神上的爱的书。但我觉得，真正的爱，不仅是精神上的爱，还有肉体上的爱。精神和肉体能够融合在一起，才是真正的爱。所以我写这方面的书比较多。我认为，中年甚至中老年这样一个年龄层的人，他的周围是有各种各样复杂的关系的。比如说有很多交错的人际关系，还有他的生活关系以及各种关系，各种关系他都可以抛弃，背着一个很重的包袱去投奔爱。也就说明，和年轻人相比，确实年轻人有很多纯洁的精神上的爱。但是，中老年去投奔这个爱，就说明他没有任何的打算，是纯净的爱，所以我觉得这种爱更加纯洁。

像结婚时候的爱情，往往出自某些考虑，比如说我和这个人结婚，将来会不会幸福，两家的家庭是不是能够处得美满等，有各种各样的考虑。但是中老年的爱，没有任何这种考虑，也就是说没有钱也没有问题，我不幸福也没有问题，纯粹就是要追求爱，我觉得这个更加可以说是纯爱。我想写的就是，肉体的快感的最顶点的爱。

白岩松：不止一次了，您几乎每一次在谈到自己作品的时候，都会有纯爱这样一个词，甚至评论家在谈论您的作品的时候，也会写纯爱。

您为什么特别在乎自己的作品，要去写“纯”这个字？是不是认为，身边或者是当下很多人的爱情，已经不是很纯粹了，甚至有一些脏，不干净？

渡边淳一：在日本，对成年人的爱，包括不伦在内，都认为它是种不纯的爱。

白岩松：您从《失乐园》到这部新的作品，写的其实都不是在婚姻，或者家庭内部的一种爱，让很多人觉得违反伦理道德。您为什么会作出这种选择？会不会担心，有些人会去谈论您？您为什么要把爱写到这样一种不伦的感觉之中？

渡边淳一：首先第一点，我在描写爱的时候，我是想要描写一种绝对性的压倒性的爱。家庭里面夫妇的爱情，是伴随着生活的一种爱。可以说，不是非常火热的，因为要生孩子，养孩子，每天要生活。所以最初火热的爱会慢慢淡化的，从热变成温的。我是想写一种绝对性的爱，压倒性的爱。

第二个原因，我觉得写小说应该写真实的，内心的真实情况，而不是要描写一个表面的面孔。所以我要写我自己的，就写我自己内心的真正燃烧的这种激情，想要写这样的激情。但是如果要涉及一个家庭，丈夫还有妻子，两个人在家庭，在火热地爱，写出来大家都会觉得，你们随便去爱吧，跟我没关系，大家也不会感兴趣。

确实在现实社会里不会有很多人这样做，但是，可能有不少的人，内心里隐隐约约有这样的感觉，有可能我也会发生这种事情。可能有更多的人在内心里面，有这样一种内藏的心思。我希望我写的这个书，变成一个箭头，能够扎在读者隐藏在深层的内心的欲望上，如果射在这上

采访渡边淳一是在他东京的事务所兼工作室进行的。在日本，除了收入颇丰的大作家，很少有人能够在房价如山的市区，拥有自己的工作室，还有秘书之类的工作人员。可见，渡边淳一不仅自己写作，还有一个属于自己的工作团队。是策划？是营销？是服务？不得而知。

面的话，我觉得就达到目的了。

白岩松：像一个刺一样，但是这个刺是希望看到的人疼，还是让看

渡边淳一的《失乐园》是中国读者最熟悉的小说作品了。“爱的顶点是死亡”，这句话被许多读者记住了。

到的人有一点儿麻，然后感觉有一点儿甜，有一点儿希望？

渡边淳一：我并不希望读者有疼的感觉，或是麻的感觉、甜的感觉，不是这种感觉。我希望他们能够注意到自己的内心里，可能也有这种愿望。比如说像《失乐园》一样，愿意跟自己所爱的人一起去死，或者是被所爱的人掐死，让读者注意到自己内心里，有这样一种感觉。

白岩松：在你的《失乐园》的结局里存在着一种死亡，让大家觉得，既然爱得很好，干吗要去死，在这部新作品里又存在着死亡，但是大家解读的可能只是平常人认为的死亡。作为作家，作为渡边先生本人来说，希望通过这样一种死亡来表达一种什么样的东西呢？其实我猜想，您要写的死亡，不是死亡本身。

渡边淳一：我所写的这个死，和爱是表里一致的，就在爱的旁边。我所写的这个死，不是一般人所认为的，死就是永远消失，就消灭了，不存在了。不是这样的。而是从死有新的诞生，有新的爱的诞生，有新的事物来诞生。我们作家写东西也是这样，有死才有一个新的作品出现。所以说，死绝对不是一种完全消失的东西，是由死来诞生新的爱。

白岩松：是不是还有一种感觉，希望很美好的一种爱，在达到最高点的时候就结束了，因为你不愿意再看到它到了最高点之后，自然而然像生活中一样，会慢慢衰落下去，会暗淡下来？你希望美好的事情，用死的方式作为结束的方式，让它停在最好的地方？

渡边淳一：是这样的，确实是这样。我非常高兴您能够这样准确地理解我的这个想法。

在《失乐园》的最后，像您刚才所讲的，两个人要死了。我不相信永久、永恒的爱，爱是不能永远持续下去的。如果持续下去，它一定会慢慢淡化，然后变成生活。我想要明确一点，我认为小说写的内容，并不是要写道德、伦理或者是社会常识，而是要写人的内心，真正的人的心、人的心态，或者是他的情感，内心真正的形象。道德或者伦理，很多我们都在学校学习了，不需要小说来描写。

白岩松：但是现实生活中，绝大多数人都过着平平常常的生活，可能一辈子，一生中，真正浓烈的爱，只是很短的一瞬间。那么您觉得，现在很多在您身边，或者您观察到的社会当中，在中老年朋友当中，他们在面对爱这个话题的时候，存在什么样的麻烦，或者是什么问题吗？

渡边淳一：目前我写的第一点，现在在日本，男性对爱的能量不充足。

他们的主要精力是要怎么来保护自己现在的工作、现在的地位，在这方面投入了更多的精力。男性现在对爱情的能量确实是缺乏的，有很多女性反而希望能够再去体验一些非常热烈的、火红的爱。但是能够接受这些女性的男性现在很少。中国怎么样呢？

白岩松：您的读者越来越多，我觉得就算作一种答案。您工作时所处的地区，是日本年轻人聚集的地方，“流行”这个词是这里很重要的一个词。那么现在对于年轻人来说，觉得爱情也是一种流行。他们可能有一点儿淡淡的伤感、淡淡的甜蜜，他们觉得爱是一种时尚，并不复杂。他们说这也是爱，您怎么看待这种爱？

渡边淳一：这个地方确实是一个年轻人的地区，并且有很多稀奇古怪的年轻人。从大人来看，他们都是很古怪的一些年轻人。但是我反而觉得，这是他们在表现自己的一种方式，我非常喜欢这个地方。有很多人问我，你为什么住在这儿？我说我喜欢这个地方。

白岩松：但是他们对待爱情的方式，可能跟您的作品不一样。您的爱情可能要用“深”这个字，他们可能觉得浅，随时可以变换。而且觉得太投入的话有点累，他们经常会用一个词——玩嘛。很轻松。他们说这也是爱，您怎么看待？

渡边淳一：确实是这样，现在的年轻人，对于恋爱也像对待流行时尚一样。年轻的时候，如果自己感觉到高兴，感觉到愉快也可以。随着年龄的增长，特别是到了中年的时候，人的内心里面会有很多很多交错的、错综的这种感情，好像一个旋涡一样，卷到心的深层。这时，你怎么来对应？但是，对年轻人，爱不是在追求一种幸福，而是追求一种流行、时尚。

白岩松：您刚才谈到，在日本有很多中年的男子，他们爱的能力已丧失。您觉得是什么原因造成的？是这个时代发展太快，压力太大了，还是像钱、名，包括其他的一些东西已经替代了爱情曾经给过人们的一种感觉呢？

渡边淳一：一个是由于现在对于男性来讲，其他的娱乐比较多，又

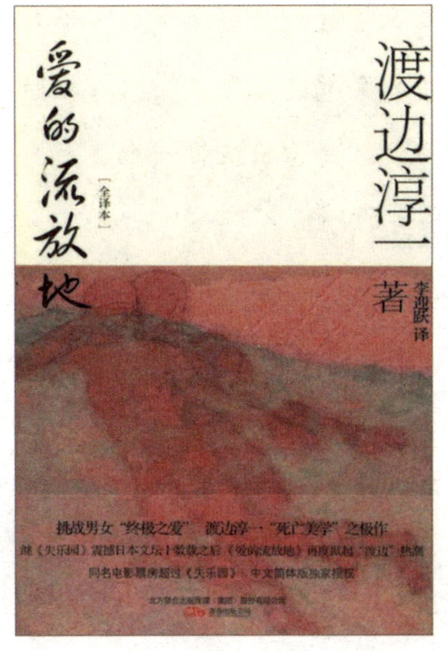

我们采访渡边淳一时，《失乐园》的姊妹篇《爱的流放地》正准备出版中文版。又是一部婚外情，又是一对在爱中毁灭的情侣。有读者把这部作品概括为六个字：爱了，做了，死了。

可以运动，也可以有其他的娱乐。这是一点。再有一点，女性现在是越来越强了，比如她们现在脑子非常好，非常聪明，非常能干，有工作能力的女性也越来越多。在男女交往过程当中，男性总是希望自己是主导

的，自己要比女性强。但是实际上，比如说从上小学来看，小学生里面，女学生要比男学生更聪明一些，成绩更好，好像一直是男的被女的压着，不能走到女的上面。只有男的在女的上面，他才能真正发挥他的欲望和情感，所以说现在在日本有不少男人对活生生的人不感兴趣，而是采用自己个人的方式去处理。

白岩松：日本很多人跟我说渡边先生非常不容易，因为他以前是个医生。医生是一个非常被尊敬并且有很高收入的职业，但是您转行做了作家。还能记得当初为什么要作出这样一个决定，从一个很好的岗位，转向一个前途都并不知道的行业？

渡边淳一：我现在非常清楚地记得当时的情况。1969 年，当时我在大学附属医院做医生。那个时候，日本第一次心脏移植手术是在我的医院进行的，但是被摘出的心脏，就是提供心脏的患者，他其实还没有真正脑死，据我判断，是出现了一些问题。当时我 35 岁，很年轻，就对大学的这种行为进行了批判，结果就不能继续待在大学，辞掉了大学附属医院的工作。当时我也在写作，所以我就开始转向写作了。

白岩松：虽然当初的决定绝对有某种偶然性，但做了这么多年作家，回过头来看，怎么看自己当初的决定？

渡边淳一：确实在改变职业的最初一年当中，我有过几次后悔，当时生活非常困难。但是经过一年以后，我的作品得到了成就奖，以后开始逐步地发展，也可以生活了。所以当时我就想，作为一个医生，确实是可以通过自己的医疗行为，救助眼前的一个患者，但也仅仅是一个患者。我如果写作的话，可能会对更广泛的社会，来提供我的见解、我的意见，或者是一些影响。但是同时我又觉得，我的两个职业并没有很大的差别，我觉得都有很相似的地方。比如说医生是在探索人们的肉体，而作家是探索人们的精神。所以说，都是要去无止境地探索和追求。

白岩松：中国有一个非常有名的作家叫鲁迅。他当初也是学医的，但是后来他由学医改为写文字。他的想法是，我学医只能治人肉体的病，但是我通过写作，却可以治疗人们精神方面的疾病，您是不是非常理解他的想法？

渡边淳一：以前我就非常喜欢鲁迅先生的作品。

白岩松：对他的想法，是不是非常理解？是不是自己也有这样的想法？

渡边淳一：确实是这样，我自己也这样想。在日本另外还有几位，比如说孙翁卫，他是从医生转为作家的。其中比较多的还是精神科的医生。

白岩松：自然而然说到中国，当您知道您的作品，在中国也有很多很多的读者的时候，您的第一反应是什么？有没有想到这样的局面会这

与鲁迅一样，渡边淳一也是弃医从文，青年时就已经名扬日本文坛。他写作过 50 多部长篇小说，散文和随笔更是无数。他的许多作品都被翻译成为中文。

么快出现？

渡边淳一：当我知道中国有很多自己的读者，确实很高兴。因为几年前中国有一段时间还禁止翻译我的书，但现在已经放开了，看到这些，我感到非常高兴。前几年我到上海，曾经在复旦大学、在很多学生面前进行过讲演。他们的反应也是非常热烈。我有一种感觉，好像中国的读者，对我的心理描写，或者是对于风景描写，比日本人更加理解。可能中国人更有诗意，所以中国读者对于我作品中的诗意描写，比日本人理解得更加深刻。

白岩松：中国的网友在给我们的留言当中希望问一个问题，为什么在渡边先生的作品里，每一个小标题的汉字都是那么美。大家都能注意到，您很强化它。您非常在乎文字的美感吗?

渡边淳一：我非常注意文字的美感。我写作的时候有我自己的习惯，比如说文字我总是竖着写。另外在描写男女情爱的时候，用电脑打出来的字，我觉得是不够深刻的，所以总是用铅笔来写，并且用橡皮涂掉了以后再修改再写。

白岩松：还有两个问题。很多与您年龄相近的人，不谈爱情已经很久了。但是您不仅谈，而且还可以把握得非常准确。在您的身上，为什么还有这么强的爱的能力？您的秘诀是什么？

渡边淳一：我觉得人生的原点就是爱。只要人活着就应该有爱。没有爱的话，就没有人生的意义，没有活着的意义。所以我一直在追求爱，也追求女性。一些人认为，老年了离爱越来越远，谈恋爱好像觉得是不好意思，不是很漂亮很光彩的事情。但是我觉得，其实人的心里面都有爱，只是把它藏起来不表现。觉得表现出来以后，不像一个老年人，所以都把它隐蔽起来了。但是我不隐蔽，我愿意做一个所谓现在日本社会的不像老年人的老年人，我一直在追求这样的感觉。

白岩松：面对快速向前发展的时代，好多人说，在面对未来的时候，我对环境有信心、我对和平有信心。特别想问您，面向未来，您对男人和女人之间的爱，有信心吗？

渡边淳一：我觉得人的爱，就是男女的爱，这是一个在整个人类历史发展过程中，唯一不变化、没有进步的。比如说近代科学、现代科学，在飞速变化，在发展，在进步的。但是爱是一直没有结束的。比如说我再怎么追求爱，我死了以后，爱就消失了。我的孩子还要从零学起，等他死了以后，我的孙子还要从零学起。所以说，千年以前在日本有一书名为《源氏物语》，这个《源氏物语》里写的爱跟现在的爱完全是一样的，没有进步。唯一在人类历史发展的过程中，没有得到发展、没有变化的最终的感情就是我认为的这个爱。

白岩松：但是大家还是希望，只要不退步就好。

渡边淳一：爱不可以断。我觉得以前的人的爱，是和自然环境结合在一起的一种爱，可能比现在更深。而现在的人，受周围各种各样现代化的东西的影响，爱情浓度反而比以前的人们的更淡一些。所以我今后也要一直追求爱，追求我内心里面甚至是比较丑的部分，我就要追求这些。

渡边淳一先生不知道自己的一生能不能说是很开心快乐，但是他现在有很多鲜明的记忆。他的作品和人生的旅程加上了“伤感”两个字，

但其实他并不愿意有更多的伤感。平时，渡边淳一不用电脑，经常用毛笔写字，比如签字的时候。但是当原告写诉状的时候却用铅笔，而且只用 4B 的铅笔。平时写作只用专门做的稿纸，上面还有他的名字。纸张的厚度与光平度对他来讲是最合适的，如果要换一种纸，就感觉很不舒服。渡边先生气色非常好，但他并不是每天都锻炼。

谈起这次采访最大的感受，我觉得有两点印象非常深刻：第一，我们结束采访时，门口另外的一拨日本记者也在等待采访。由此可见渡边淳一在日本受欢迎的程度。第二，不论衬衣的颜色，还是生活中的细节，都显示出 74 岁的渡边淳一老人在生活中充满了活力，甚至含有很强的爱的能力。这时，我们突然明白，或许他在通过写爱情来提醒我们，怎样让生命更有活力。

涩谷 109 百货：
亚洲流行时尚的发源地

为了拍摄日本的流行时尚，一早，海燕这一组就去了东京著名的银座街头，拍摄一些节目中需要的流行时尚的画面。可惜去得太早了，大街上除了匆忙的上班族外，很难找到悠闲自在的时尚一族，选择的时间也许不太合适。

一位日本著名的女服装设计师给我们画出了这样一幅时尚地图：日本引领亚洲，东京引领日本，涩谷引领东京，109 百货引领涩谷。这话倒过来说，就是 109 百货是亚洲时尚的发源地。其实 109 百货是一座并不宏伟高大的建筑，它位于东京涩谷闹市，是一个很卡通的圆型建筑。

接着去了东京台厂一带，这里是东京湾填海制造出来的一片人工陆地，现在是一片高楼林立，许多大企业的写字楼、展览馆都在这里。我

走进109百货，各个商铺里几乎都是衣着时髦的女孩子，无论是顾客还是售货员。在2007年，这种衣着打扮的女孩子，在中国还不多见。

们要去的目的地是日本松下的展示中心，距离这里不远的地方就有丰田汽车馆、富士电视台等。

松下展示中心面积很大，分了好几层。有现代化的电子家庭馆、环保产品馆，还有超大屏幕的高清电视展厅……趁海燕他们在采访，我们

发现了一个很舒适的小咖啡吧，于是我们很惬意地在那里喝上了一杯……因为急于去NHK向北京传送节目素材，我们和叶闪与松下展示中心的

当时还是冬天，但在109百货的大楼里，完全是一种春天的气息。

总经理大鹤先生见面寒暄之后，便先行离开了那里。然后我们中的一组去了东京涩谷——那个著名的涩谷站大路口，这里号称是引领亚洲青年人时尚潮流的地方。大路口的对面，就是青年女性时尚最集中的地方——

109 百货。

日本东京是一个时尚之都，东京的银座闻名于世，那里几乎汇集了世界上所有的顶级品牌的服饰，过去一直引领着日本的时尚潮流，但那里昂贵的价格却无法满足大多数年轻人的需求。于是，年轻人开始寻找自己的流行色彩。现在的东京，时尚最前沿的已经不再是银座，而是涩谷和里原宿这两个地方。

涩谷这个大路口的确非常有特点。首先是这里的年轻人着装非常时髦，从服饰到化妆，打扮近似于奇怪。不过看不到两个人的服装“撞衫”，千奇百怪，但都非常个性化。其次，这里的人非常多，绿灯一亮，过马路的人群简直就像潮水一样汹涌地扑过来，很壮观。还有，就是警察真的很像雷锋，个个都像，路口旁边就有一个警察所，非常热心主动地为行人指路、维持路口秩序，个个笑容满面。

涩谷的 109 大楼有很多与时尚有关的小店，因此这栋楼已经变成了一种时尚的标签。为了更好地触摸东京的这种时尚和潮流感，我们还请来了原 ELLE 杂志的主编南谷绘里子女士，跟我们一起逛涩谷。

109 大楼距涩谷地铁站仅 3 分钟的路程。109 是一家百货公司的名字，全店共 8 层，来这里的客人，绝大多数是十几岁到二十几岁的年轻女孩。这里囊括了日本本土最知名的少女品牌服装，可以说是引领了日本女孩服装时尚的风向标。

做过日本著名时尚杂志 ELLE 主编的南谷绘里子女士，对日本的流行时尚非常了解。她首先带我们来到了一家时装店。南谷介绍说，这个店在 109 里面非常受欢迎，客人也非常多，还经常举办一些时装表演会，

我们记者组的衣着打扮，在 109 百货里，显得有些沉重。

始终走在流行的前端。到这里来的客人对今年流行什么特别敏感，比如说这件白衬衫就是现在最流行的。虽然是白衬衫，但它是贴身的造型，并且下面配了一条非常短的短裤，再加上一些发光、发亮的装饰，显示了新颖和流行，这一切与下面牛仔裤用的面料也非常搭配。

在 109 大楼的时装店里，每家的售货小姐都十分光鲜，引人注目。

她们不只是单纯的店员，还是服装模特，通过自身来展示产品；同时向客户提供咨询，比如什么样的服装、什么样的搭配对你比较合适等等。

一个销售小姐说："我们每天穿的衣服都是店里面定的，主要选择现在比较畅销的服装或者是符合季节的衣服。比如我今天穿的服装是一个外罩，但把前面这样拧紧以后，它就成为一个连身裙，现在这种穿法非常流行，所以我今天就选择了这件。"

在 109 大楼里，各具特色的时装店一家挨着一家，追求流行的年轻女性总能在这里找到适合自己的服装。在 109 大楼里，没有国际知名品

走出 109 百货，就是东京著名的涩谷地区，满街都是时尚男女，浓妆重抹，令人惊叹。这种打扮和化妆当时如果出现在北京和上海，绝对是惊世骇俗。

化妆后的一对情侣。

牌的服饰，有的都是日本自己的品牌服饰。南谷说："到 109 购买时尚服装的一些年轻人，他们也在乎品牌，但是与质量和造型比较的话，他们更重视造型或者是颜色。他们向往的不是巴黎著名的设计师或者纽约著名的设计师，而是好莱坞的影星、明星的衣着。"

在流行时尚中，明星的效应有多大，我们不得而知，但在这里，明星的影响却处处可见。我们看到一家新开张的叫SCORD FISH的时装店，就有著名歌星大冢爱送来捧场的花篮。

还有一个看似很小的店开业时，滨崎步也来送了花。大明星如果到这个店来买东西或者是穿着这个店的服装上电视，马上就会对这个店的销售产生影响。

明星自然会给这里带来很高的人气，但对于这些并不富裕的年轻人来讲，价格也是吸引他们的一个重要因素。我们看到一件小外套的价格是13440日元，也就是将近1000元人民币。与那些大名牌相比，在日本，这样的价格已是相当便宜了。花并不算多的钱就可以赶上潮流，何乐而不为呢？因为是流行时尚，所以这里的服装还有一个特点，就是更新速度快，店里服装每天都会有所更新。

不同于那些用大名牌武装起来的时尚，东京年轻人追求流行时尚讲究的是与众不同。他们不断翻新的衣着打扮，是东京街头流行时尚的核心。而在这种流行风潮中，各式各样的时尚杂志往往扮演着推波助澜的角色。在109大楼的一些时装店里，时尚杂志常常被摆在醒目位置。对于商店来讲，时尚杂志的影响力非常大，甚至可以讲非常重要。如果一个品牌服装在杂志上登出来，不仅是东京，其他地方的人也能看到，很多人就会去购买。

时尚总是先从少数人开始，然后才扩展到更大的人群，时尚杂志就是其中的引领者和创造者。《CANCAN》是日本最著名的时尚杂志，发行量65万份。在一个比较有影响力的时尚杂志前，读者是奴隶。我们问《CANCAN》杂志的主编大西丰，在时尚的面前他们到底是奴隶还是主人？大西丰说："我们是奴隶。我们就是为赢得他们的满意，经常做调查，征求意见，了解他们在想什么，需求什么，穿戴什么。我们也经常走访时尚商店、百货公司，搞清什么东西卖得最多。如果没有他们，我们的工作是不能实现的，也不能成立，所以说他们的时尚感觉比我们超前。”

在东京，引领年轻人流行时尚的地方，除了涩谷的109大楼外，另一个必须去的就是里原宿。我们希望不仅看到大街上那些非常时尚的符号，还能了解得更深入。与109大楼不同，里原宿是一条很窄的街道，各种时尚小店就分布在街道两旁。这条街面对的基本上是没有太多收入的学生阶层，因此两边的服装最在乎的是对你视觉的冲击力，然后在乎的是价格便宜。看到一双鞋的价格，是中国制造，价格是4935日元，折合人民币300多块钱。

南谷女士告诉我们：“里原宿最初出现这样的服装店和音乐有关。最早在这里开的一个服装店，他们服装设计的灵感就来源于音乐编辑。很多年轻人到俱乐部去听音乐、跳舞的时候，看到做音乐编辑的人穿的服装和音乐非常搭配，于是也去买这个样式的服装来这儿听歌跳舞，这样的年轻人越来越多，就自然传开了。”

音乐和服装在这里不经意间走到了一起，有音乐元素的服装吸引了有相同爱好的年轻人聚到一起，这样的店铺越来越多，最终形成了今天东京流行时尚的一个聚集地。而每天在店铺开门之前就会有很多年轻人提前等候在这里。我们见到了两个正在等待一家店铺开门的年轻人。他们说，他们想找到好的东西，并且还要比别人先找到，所以才来得这么早。一些年轻人虽然已经工作了，挣钱了，赶这样的流行还是有些吃力。不过即使省去别的花销也要买这里的服饰，因为这是他们的生活乐趣。

我们先去了一家名叫“猿猴”的时装店，听说这是一家大名鼎鼎的日本时装店，即使在国内青少年人中也是如雷贯耳，但我们全然不知。

进了店里，采访组内素以女性时尚知情人身份自居的赵海燕，才喃喃道：“这个牌子好像很有名的，我在什么地方见过？”同组的刘爱民给他儿子打电话问这是什么牌子。儿子大声道：“那是‘猿猴’的牌子呀，太有名了，你怎么连这个都不知道？”呵呵，我们都晕了，我们真的都不知道。于是一采访完，大家纷纷挑选了几件衣服买下。

在东京涩谷街头随机采访时尚青年，他们在镜头面前很有自我表现的兴趣。

在大街上，经常可以见到身着传统和服的女孩子，从眼前突然闪过，成为惊鸿一瞥。也许日本人觉得习以为常，但在我们眼中就是亮丽风景了。

东京是日本各种时髦及流行的发源地，虽然这些街头流行的服饰目前还不是日本时尚的主流，但这些青年男女个性装扮的影响却越来越大。这种影响现在已经不仅仅局限于亚洲，一些欧美的世界顶级品牌在推出他们的新款服装时，也要考虑到日本的流行时尚。

大西丰介绍说："去年在日本年轻的女孩子当中最流行的款式是很浪漫的，非常女孩子气。去年这些服装卖得相当多，但是通过我们调查，今年人们已经烦了。今年春天有非常大的变化，我们叫激动性的变化。也就是说，从可爱的服装变成比较酷的服装。夏天以后，一些性感的服装会流行。"

在即将结束与时尚类话题有关的采访的时候，我们想起了南谷女士曾经说过的一句话，她说在 109 这栋一共 8 层的大楼里头，你找不到一件能够长于膝盖的裙子，反映了东京女孩子对时尚的一种态度。东京成为日本的首都只有 100 多年的时间，因此它没有多少像京都那样显赫的历史可以夸耀，现代感和潮流感就成为它必须贴给自己的标签，从这个角度来说，东京才成为不一样的城市。

现在我国台北、上海、香港、北京等城市正在摆脱东京时尚的影响，创建着属于自己个性的一种时尚，这是一件好事。

游走在东京青少年时尚的海洋里，我们尽量用镜头去寻找这里的各种时尚符号和元素。都说日本东京特别是这一带，是引领亚洲青少年时尚的源头，可是对我们这些中年人来说，解读这个话题确实有些困难。青少年时尚，在时尚杂志编辑们的眼中，是一种流行文化，是可以解读的各种色彩、材料的组合。可在我们眼中，仅仅就是奇装异服、标新立异，甚至是荒诞不经，当然我们对此并无贬义，只是觉得这些东西离我们的想法和兴趣太远而已。

从109大楼出来后，在许多街区都可以看到一块设计得很好看的示意牌，它就设在马路边上的明显处，或者在路口拐弯处的墙头上，上面还画着地图，名字叫“历史文化散步道”。仔细看了看，尽管看不懂日文，但好在日本的地名都是中文字，大致意思也看懂了。原来这些示意牌，是告诉你在这片街区里，有些什么样的历史文化参观点，应该怎么走，什么时间开放或关门等。真不错，如果是一个外国人或者外地人，有雅兴和闲暇时间在东京街头转一转，街头的“历史文化散步道”示意牌会指引你很方便地找到附近的历史文化参观点。东京是一个寺庙多、古迹多的城市，有了这种指引，会感到很方便。这种方法为什么北京不虚心学习一下呢？学习永远是一种美德，毛主席不是也说过“虚心使人进步”嘛。

大相扑：
不仅仅是运动

东京的采访结束后，我们要转赴大阪，采访在大阪举行的相扑春季大赛。赶到东京专门飞国内航线的羽田机场，在机场餐厅我们吃了一顿

这是日本大阪松原市的佐渡岳部屋，风靡日本的大相扑选手，就是从这些简朴的部屋里走出来的。"部屋"是大相扑选手训练和生活场馆的意思，那些相扑选手从少年开始就生活在这里，他们完全自食其力，除了从事相扑训练之外，他们还要料理自己的生活，从事做饭做菜、打扫卫生等各种集体劳动，所以在日本人看来，相扑不仅是一项运动，也是一种日本特有的文化和生活方式。

大阪是日本相扑选手的重镇，这里有多家很著名的相扑部屋。每天上午走进部屋，就能看到相扑选手们正在刻苦训练，切磋技艺。这些相扑选手体重都十分惊人，为了保持和增加体重，他们的食量也大得惊人。

正在一旁观摩的相扑选手。

比较正式的晚餐，每人一份套餐，两菜一汤一饭。终于吃到了一次正经的饭菜！刚到东京那两天，因为采访安排太紧了，居然连续四顿全部吃的是拉面！

羽田机场里有许多餐厅和商店，像一个大百货公司。而且机场里商店、餐厅的价格跟市区里没有差别，都是平价，这一点跟中国的机场很不一样。我们想，大概是因为这里店铺多，没有垄断，自由竞争，才会出现眼前这种情况。这是不是也值得中国的机场管理者学习一番呢？看来，该学的东西实在太多了，先学点容易学的东西吧。

过安检时出现了一个小花絮：赵海燕腰里系了一条很宽的皮带，上面还有一个很大、很扎眼的金属头。过安检时，怎么都过不去，总是报警。于是安检人员只好很客气地请她把腰带解下来，检查一下里面有没有藏匿暗器。赵海燕在众目睽睽之下，不好意思地解下了裤腰带，引得我们在一旁哈哈大笑。

晚上大约10点半到达了大阪，坐出租车入住位于新干线附近一家名叫丽佳的酒店。明天一早要采访一家相扑训练学校。大阪是继东京之后日本第二大城市，随着一年一度的日本相扑春季赛事在大阪拉开帷幕，传统和时尚、古老和现代就这样波澜不惊地在这里自然交融。一到饭店，就看到了几位身材魁梧的男子，我们猜可能是来参加相扑大赛的。在宾馆的前台，还见到一位身着相扑选手服装的男人和一位美女相拥在一起，一大一小，非常醒目。

提起相扑，人们首先想到的就是体格肥硕、膀大腰圆的相扑手。的确，在以瘦为美的今天，相扑那硕大而肥胖的形象显得有些另类，但是在日

这是相扑选手自己做的早餐。他们的生活是准军事化的，轮流担任食堂伙夫，即使为大家做饭也必须参加每天正常的训练。每天中午晚上都有严格的作息规定，到点必须上床休息，不得随意外出。少年学员还要为大牌选手干杂务，洗衣洗袜端水倒茶等，这也是天经地义的。

本国民心中，相扑却占有崇高神圣的位置。每年的相扑大赛，吸引着众多的观众，甚至日本天皇也是一个相扑迷。相扑大力士在日本会享受到英雄一样的荣誉，据说平时人们盖楼等仪式，都会将相扑手最高等级“横

这几位都是少年选手，刚刚入行不久，能不能出道很难说。不过，即使成不了人们仰慕的相扑选手，只要人生中有这么一段部屋生活的经历，在日本人看来也是值得骄傲的。

纲”请去，以图吉利。

相扑是一种颇受日本国民青睐的国技，像这样的相扑大赛每逢单月就要举行一次，一年共 6 次，分别在东京、大阪、名古屋、福冈 4 座城市举行，每个赛期 15 天。每逢赛季，相扑迷们都会蜂拥而至，相当于人民币 300 元至 3000 元的门票，很快就会销售一空。

对于我们这些初来乍到的外国人来说，相扑的声名早已如雷贯耳，正所谓“百闻不如一见”，能到现场身临其境感受相扑文化，自然颇为尽兴。当然更让我们感兴趣的还是台上这些体格庞大、力量超凡的相扑力士。

传说中的日本相扑可以追溯到 2000 年前，有史学家考证它原本发源于中国的先秦时代，早期在日本是一种敬神的仪式，后来成为宫廷和民间的一种娱乐表演形式，一直到 18 世纪中叶，相扑才发展成现在我们看到的这种竞技体育。

第二天一大早，还没有缓解疲劳，我们就不得不从舒适的床上爬起来，赶快洗漱出门。迎着大阪的第一缕阳光，乘车赶往大阪府松原市一家名叫佐渡岳的“部屋”，日语的意思就是相扑训练营地。它在大阪的郊区，是一排两层比较简易的房子，下面训练，上面住相扑手。一般情况下，为了让相扑手专注备战，会拒绝媒体的采访拍摄，但是这回，佐渡岳对我们这些远道而来的中国记者破了个例，使我们得以记录下相扑手最普通也最真实的训练生活。佐渡岳部屋在日本名气很大，目前最高等级“横纲级”排名第一的选手朝青龙，就是这家部屋训练出来的。还有现在日本排名第三的秦欧洲，也是这家部屋的选手。这些斐然的成绩使佐渡岳部屋享誉全日本。有趣的是，它训练出来的这些超一流的相扑手，大部分都是外国人。朝青龙是蒙古人，秦欧洲是保加利亚人……

很有意思，相扑训练带有很浓厚的日本传统色彩。正式比赛之前，相扑力士往往要进行热身仪式。他们脚踏地板以驱除魔鬼；举起双手，掌心向外，表示没有携带或隐藏任何武器；然后用清水漱口，洗去污垢；

接下来要向场地上撒盐，因为日本神道教义认为盐能驱赶恶魔。而力士撒盐的动作因为能充分显示其个性，对相扑迷们来说，也是一个不可错过的精彩场面。有人统计，每天赛场上撒的盐可达40公斤。

相扑比赛中，两个体重超过100公斤的人要在火星撞地球一般的瞬间，来赢得胜利。所谓胜利，按照相扑的规则，在一个直径是4.5米的圆形区域，只要让对方除了脚以外的其他部位沾地，或者用技巧将对方推出这个圆形区域就算赢了。别看这个过程简单，其中却有100多种技法，因此训练也非常严格。

即使在正式的比赛场上，相扑手也大都喜怒不形于色。从他们平静如常甚至有些阴沉的表情当中，你甚至分不清到底谁是胜者，谁是败将。从这个角度来观察，日本相扑似乎更像是一种神圣的仪式，而有资格参与这个仪式的人必须先经过劳其筋骨、苦其心志的过程。

佐渡岳部屋管理人员三浦克昭说：“他们每天5点半起床，6点开始做准备活动，一直到上午10点半都是训练时间。”

相扑的训练是残酷的，也是枯燥的，同时还是相扑手自觉修行的过程。一个好的相扑手，必须练就坚忍的性格、超凡的意力、朴素的品格。因此相扑被看成是日本精神的浓缩，相扑手也普遍受人尊重，地位相当崇高，这也是相扑运动在日本不断后继有人的原因之一。

三浦克昭对我们说：“进入这里的相扑选手，要进行体检。首先体重要在85公斤以上、身高在1.73米以上，然后进行内脏机能检查，通过检查，才能作为新的弟子进入部屋学习。”

在佐渡岳部屋采访时，我们发现脸上略带稚气的几名年轻学员一直在一旁观看，却始终没有入场练习。原来，相扑手过的是森严的等级制生活，这些学员因为级别低，是没有资格学习技术的。此外，像吃饭、上厕所、洗澡等日常生活也要按照级别高低顺序进行。三浦克昭说："吃

日本的部屋训练是向社会开放的，只要提前预约都可以按时来现场参观，这也是相扑的一个传统。尽管早上6点多钟许多人还在梦乡，相扑的早训就开始了，来参观的人们也都早早来到了部屋。这天屋内的席位坐满了，许多观众只好在室外隔窗观赏。

在部屋外，遇到了一群日本儿童在老师的带领下，也来部屋参观。可见，大相扑在日本是“老少通吃”。

完饭后，级别比较高的选手稍微休息一会儿；级别低的选手在这时候，就给级别高的选手洗衣服、打扫房间卫生之类的。”

相扑的级别从低到高一共有十级（序之口→序二段→三段→幕下→十两→前头→小结→关胁→大关→横纲），处于序之口、序二段的学员只能打水、扫地、服侍高级相扑手的训练和生活；只有到了第三级之后，师傅才会开始教授些技术；升到十两级的学员就是职业相扑选手了，被称为力士，有不菲的工资，可以参加各种相扑比赛，拿奖金；能升到第八级关胁和第九级大关的选手已是寥寥无几，地位尊贵了；相扑手一旦升到最高级横纲，就像进入了相扑的圣坛，将拥有终身无上的荣耀。一个选手要想成为职业选手，根据每个人的情况不同，平均下来要经过大概快的 1 年、慢的 3 年这种非常残酷的训练。

任何人要想成为职业选手，都必须从最低级别做起，通过一场场的比赛提高自己的排名。这个过程就像是在攀登金字塔，不进则退，要想保级晋级相当不易。在当今日本 693 名职业相扑力士当中，能始终处于金字塔上层的高级相扑力士依然凤毛麟角。而日本相扑史上一共只产生过 68 位横纲，目前处于赛坛顶尖的横纲级选手则是一位来自蒙古国的力士朝青龙，这一点多少让日本人感到遗憾。

在佐渡岳部屋，一个高鼻子蓝眼睛的相扑手非常引人注目，他就是来自保加利亚的秦欧洲，在具有强烈日本传统文化烙印的相扑运动中，一个西方人的出现多少让我们感到有些意外。而据日本相扑协会提供的数据，在当今日本 693 名职业相扑选手中，外国籍的有 61 人，其中也包括几名中国籍力士。

相扑手的块头和食量尽管一再听说，亲眼看到依然感到吃惊。对于很多中国读者来说，大家比较感兴趣相扑运动员是怎么把自己的身体给吃成那样的，以及生活中还有什么有趣的事情。我们来到了大阪的一个相扑火锅店。相扑火锅，顾名思义，就是相扑运动员日常吃的火锅。这个火锅店是由一个退役相扑运动员开的，他的名字叫舞之海。因为是他开的，所以比较专业，很多相扑运动员都会到这里来吃火锅。我们请他给我们详细地讲解了相扑运动员的饮食、住行等一些事情。

一走进这个小店，一股浓浓的相扑味道便扑面而来。尽管店面不大，有关相扑的内容却非常抢眼，而店主人最喜欢的古今相扑力士的名字则被放在了最醒目的位置。可以看出，店主人在极尽所能表达着对相扑的热爱。当然，除了相扑运动员之外，也常常有一些普通的日本民众跟我们一样慕名而来，尝一尝相扑火锅，体验一下相扑力士的生活。

我们面前的桌子上已经摆满了各种火锅菜料，有鸡肉、螃蟹肉、猪肉、牛肉等等，感觉像是五六个人吃的。可舞之海却说："我因为身体不太大，所以像我这样的身材大概是两个人吃，但是身材比较大的选手会一个人都吃了。"

早就知道相扑手的食量惊人，现在才真正有了具体的概念。相扑手拼命吃的目的只有一个，就是长肉，因为相扑比赛没有体重限制，身体越重越有利。因此大部分选手都在300斤以上。而日本历史上最重的相扑手是来自美国的小锦，体重550斤，他曾达到仅次于横纲的大关级。

舞之海说，相扑手一天只吃中午和晚上两顿饭，都是火锅，只是每天的口味有所变化。通常火锅吃饱了之后，有些相扑手还要吃大量的奶油蛋糕等甜点，可以说是吃到嗓子这里，然后开始睡觉。同时还要做一些非常激烈的健身运动。健身运动中要把筋、肉破坏、撕裂，然后让筋、肉长大。我们很关心这样吃会不会对健康产生影响，舞之海说："选手时代虽然吃得非常非常多，但是练习量也非常大，所以消耗也非常多，

现在日本的大相扑运动中，出现了越来越多的外国人，有蒙古人，也有欧洲人。因为这些外国选手体形高大，身体条件比较好，很多人取得了很高的级别和名次。这位来自欧洲的选手有一个很形象的艺名“秦欧洲”，他已经在全国大赛中取得了第三名的好成绩。不过，现在日本民众对外国人参加相扑运动有争议，有些日本人认为，如果相扑大赛的前三名都让外国人夺得了，相扑对日本人还有什么意义呢？

对健康是没有害的。”相扑运动员退役后都会努力地节食、减肥，目前他自己已经减掉 15 公斤了。

在日本，有不少有志于相扑运动的青年，为了实现自己的目标会不顾一切，甚至不惜向自己的身体开刀，舞之海就是一个例子。

“我第一次考试的时候身高不够，没有合格，当时身高的标准是 1.73 米以上，我差 4 厘米。所以没办法，我就在头顶上边动手术，垫了硅胶，增加了 4 厘米，结果第二次就合格了。手术过后，非常痛苦，非常疼，我 3 天没有睡觉。”

尽管现在谈论起往事来，舞之海显得很轻松，但是据我们了解，舞之海正式投入相扑运动是在大学毕业并且工作几年之后。那时他已经 27 岁了，舞之海的相扑生涯最终止步于小结这个级别，目前退役后的他签约了一家演艺公司，主要从事相扑比赛的解说工作，继续着他所喜爱的相扑事业。

舞之海说：“相扑不是运动，是日本的传统文化，它是锻炼人心的，训练一种既刚强又非常柔和的心。”舞之海的话使我们又一次想起“菊与刀”。

有人说日本人喜爱相扑，不仅出于对比赛的兴趣，更多的还是对这项运动反映出的日本传统文化的认同。不管怎样，当历史越来越远去的时候，相扑在某种意义上实现了日本民众古今对话的愿望。

从垃圾处理看日本环保

中午又回到了大阪城里，在大阪观光局见到了三木女士和小凌。按照计划，接下来我们要采访的内容是垃圾处理。

下午先到了位于大阪舞洲岛上的舞洲垃圾处理厂。这是一家外表像安徒生童话里的美丽庄园，内部却是从事城市垃圾处理的工厂。

到达目的地的时候，每个人都会对面前色彩斑斓的建筑发出巨大的疑问，它究竟是干什么的呢？不对呀，这个地方把它的口号定位于科技和艺术的高度结合，那该是哪儿呢？不跟您兜圈子了，这是位于日本大阪的舞洲垃圾处理中心。一个垃圾厂设计成这样？是啊，当初大阪市民也是这么议论的，因为这个垃圾中心是用增值盈利的部分来建成的，因此很多市民说一个垃圾处理厂干吗请澳大利亚设计师把它设计得这么漂亮。但是走进去就会发现，不仅它外表华丽，里边的内容也是实实在在的。

舞洲工厂虽然是一个垃圾收集厂和大型垃圾处理厂，但工厂大楼的二层和三层都对外开放，市民和游客可以自由地进入参观，因而也成了一个著名的旅游景点。走在这个工厂的走廊里，你会发现像进入了森林一样，而且特别要注意的是，里面有很多专门为儿童设计、介绍环保知识的大屏幕。从这些独特的设计就可以看出，日本人环保教育从“娃娃”抓起的良苦用心。工厂负责人介绍说：“我们在设计的时候，考虑到小学四年级的课程就有垃圾环保的内容，为了教育小学生关注环境问题，在设计上特别考虑了能够引起孩子们兴趣的内容。”

舞洲工厂主要是对一些可燃垃圾和大型垃圾进行处理，这里每天可以燃烧处理 900 吨的普通垃圾、100 多吨的大型垃圾，基本上是 24 小时不间断运转。虽然看起来工作量很大，但因为大部分流程都是自动化，所以每个班同时在这里工作的只有9个人。我们通过一个模型大致了解了垃圾处理的过程。

首先，汽车会把已经分完类的垃圾拉到厂子里；然后投入到垃圾坑里，

这个外形五颜六色像个卡通玩具一样的建筑物，不是儿童乐园，而是日本大阪附近的一家垃圾处理中心，名字叫舞洲垃圾处理工厂。它主要是将已经分类的城市垃圾进行深度的无害化的最终处理，或者燃烧发电，或者制成再生资源。这家工厂已经建立了十几年时间了，成为日本垃圾处理技术和理念领先世界的标志之一。

有 2 个直径 6 米的大黄色爪子把垃圾抓起来，一次能抓 10 多吨；然后投进一个焚烧炉。焚烧炉里的温度可达 900 摄氏度；经过分解、除臭等等，最后把它变成颗粒状的物质排出。经过焚烧炉焚化之后的这种粉末性的物质，体积只是原来的 1/5，而重量只是原来的 1/15。在排出的过程中，它的气体经过一系列高科技的处理，最后在烟囱里排出的时候，已经没

这是大阪舞洲垃圾处理工厂的发电控制中心，技术人员正在观察高温炉内垃圾的燃烧过程。通过垃圾燃烧发电，电流并入城市电网实现资源再利用。这家工厂像一个公园，不仅建筑形式美观，而且每年吸引大量少年儿童来观察垃圾的处理工艺，如同一个科普乐园。日本是一个非常重视对孩子进行科学教育的国家，包括为什么要进行垃圾分类。

有危害了。同时通过下水道被排走的废水，经过各种高科技处理之后，也已没有危害，是安全的。

大型垃圾处理跟普通垃圾处理稍有不同，专门的切割设备会先将大型垃圾切碎成小块；之后，还会有专门的设备将垃圾中的铁和铝分离出来，并加工成颗粒状。经过这些处理之后，废品就又成了“宝贝”，可以直接出售，产生经济效益。在这个垃圾工厂里，变废为宝还不只这一个方面。

进入舞洲垃圾处理工厂，你会有两个感觉很强烈：它既是一个小型的印钞机，同时又像是一个儿童科技馆。先说印钞机，它现在发电达到了 21990 千瓦，这是什么样的一个概念呢？它现在发的电能供家庭用的吸尘器——一个也就大约 500 瓦，共 44000 多部同时使用。它不仅提供自己用电，而且还能卖出去很多电，每年收入 6 亿日元，还是很可观的！

它又像一个儿童科技馆。它将所有处理垃圾的环节进行了透明化的密封，然后在外围建起了一个系统的科普观摩走廊，不仅美观清洁，而且各种关于环保的科普动漫琳琅满目，很受儿童和家长的欢迎。针对儿童心理进行的研究和设计，可以让孩子亲身体验垃圾处理的流程，使其产生浓厚的兴趣。不仅儿童自己能学会垃圾分类处理，还会督促自己的父母做好垃圾分类。

据了解，舞洲工厂是自负盈亏的，虽然投资很大，但因其先进的理念和设计，却能保持略有赢利。不过，与这些经济效益相比，让记者感受最深的，还是这里专为孩子们设计的方方面面。让他们从小就感受到环保的重要，也许是这个工厂的最大价值。

垃圾分类在日本不仅仅是政府和企业在行动，而是一个全民自觉的行为，为了创造一个环境清洁的日本。在日本千叶县有一个我孙子市（很奇怪的名字），记者进入一户市民家庭，了解日本“垃圾分类”的起点：家庭的作用。

总之，这家垃圾处理中心，可以将所有城市生活垃圾进行100%的无害化处理，最后各种各样的生活垃圾在这里变成了各种各样的再生产品，或者干脆变成了无害的灰土回归大地。从这家垃圾处理中心可以看到日本对垃圾处理的高度重视和技术水准之高，同时，这家垃圾处理中心还能创收，真让我们大开眼界。看来学习也不是都可以学得会、学得起的。

在这之后我们的采访是与上述内容相关的社区垃圾分类。到日本之后，整个生活节奏就处在不停的旅行当中。但是在旅行当中，经常可以见到这样一个普通的场景，比如在日本新干线的站台上，就会看到分得很细的垃圾箱：有投入垃圾塑料瓶的，有投入新闻报纸杂志的，还有收集其他垃圾的，等等。那普通的日本人又会如何在生活中去环保呢？这一次采访，又让我们大开了眼界。

我们去了一个地名非常有趣的地方，它在东京郊区千叶县，名叫“我孙子市”。它是东京无数个卫星城中的一个，这个名字虽说总是让中国人觉得好笑和难堪，但它并没有中文里的那种意思。这个名字来源于当地土著人的叫法，发音是“ai bi kao”，后来日本人将这个发音与汉字直接接轨，才变成了现在这种写法。日本的地名无一例外都是汉字，虽说我们都认识这些字，但意思和读音却大相径庭。

我孙子市是一个只有十几万人口的小城市，但在日本，它的垃圾回收处理工作却很有名。2005 年，我孙子市的废品再利用率达到了 40%。在 10 万人以上的日本城市中，排名第一。我们的体验就从这个城市的一个普通居民家里开始。

因为收垃圾的时间是上午 8 点，所以我们赶早来到了一个居民的家中，这个家庭的户主叫佐佐木。因为知道我们要来拍摄，佐佐木先生还特别给我们准备了一份资料，这份资料显示了我孙子市的垃圾处理是从什么时候开始的、小区有多少人等一些详细的情况。

从佐佐木先生提供的资料上我们了解到，我孙子市从 1981 年就开始实行垃圾分类回收了。当初只分为报纸、杂志、瓶、罐等 7 类，而今则细到了 17 类，比如说瓶类还分为无色瓶、茶色瓶、其他瓶等等。佐佐木家的垃圾就根据这些分类被装到了不同的袋子里。佐佐木妻子指着一个箱子给我介绍说：“这个箱子是放普通的生活垃圾用的，包括容器、塑料包装、盒子等。如果是瓶子，还要把瓶子和盖子分开。”她又指着一个小袋说：“这是放不燃垃圾用的，比如电灯泡、体温计、圆珠笔等等。”佐佐木的妻子还告诉我们，除了要将可燃和不可燃的东西分开以外，像一些可以回收的垃圾还得处理一下才能送走。比如说旧报纸要码放整齐并捆好，一些瓶瓶罐罐要清洗干净。而哪天回收哪类垃圾也得记清楚了。这些信息，当地有关部门会通过发放宣传册等方式提前通知大家。

那么平常生活垃圾是不是满了就可以随时倒？佐佐木妻子说：“不是每天都可以倒，是一周可以收集两次，我们这个地区是星期一和星期四。平时的生活垃圾比如说食品、剩饭、剩菜，这样的东西我们都埋在院子里面，让它发酵成为一种肥料。也可以把这些垃圾全部放在一个小塑料袋里面，把它系紧，然后再放到一个桶里。”

生活垃圾一周回收两次，这已经算是比较频繁的了，而有些种类的垃圾，回收的周期就要更长些。像塑料的包装容器，一周收集一次。像瓶子、罐子这种东西是一个月收集两次。

上午 8 点钟，到了该送垃圾的时间了，佐佐木的妻子把这些分装好的垃圾都放到自行车上，准备送到小区指定的垃圾点去。一般情况下，大家都会将垃圾放在各自小区指定的回收点里，再由相关部门统一来回收。我们注意到，因为消耗的数量有限，佐佐木的妻子是将一些瓶瓶罐罐放在一个袋子里拿来的，但是到了这以后，她又细心地将不同的瓶子放在了不同的回收袋里。

在这个阳光明媚的早晨，佐佐木家的女主人完成了一次垃圾分类。在这样一个小型的垃圾集中站里，据资料显示，一共有 17 种垃圾，根据

在日本的社区里，每天都可以看到有收取垃圾的专业车辆，但每天收取的垃圾的内容是不一样的，这就需要市民在家中就将生活垃圾按规定分类完毕，定时定点将不同的垃圾送到垃圾收取点上。这是记者在我孙子市的一个垃圾收取点上采访，这一天收取的垃圾：纸类和电子类垃圾。

不同的类型，每一个家庭可只带 6 种或者 8 种到这里来详细地分类。

我们在这个垃圾回收点附近观察了一会儿，发现每个人似乎都在遵守着同样一个规则。虽然是个垃圾站，但这里并不显得有多凌乱，更不会臭气熏天。

在这个垃圾回收点我们还看到，垃圾袋的上面都蒙上了一个网罩，以尽量保持这里的清洁，而收、放网罩等工作就是由当地的家庭来轮流负责的。比如说像佐佐木家，每年差不多能轮上 3 次。佐佐木说："一般我们是从前一天晚上就把这些东西准备好，大概 8 点半就准备好，因为有一些人很早就把垃圾拿过来，所以 8 点半钟左右把这些袋子、网子都摆好，等到当天垃圾收集车收集完以后，再把这些东西收回去。”

每天 8 点半之前，居民们会把垃圾投放到指定地点，在之后的 1 个多小时中，垃圾车会分别将不同种类的垃圾取走，并送到相关的地点去处理。在这天上午的 9 点到 10 点之间，我们就见到了 10 辆运送不同垃

市民将在家中已经分类好的垃圾放在收取点上，会有专业人员按时来取走。如果错过了当天的收取垃圾时间，那么同样类型的垃圾只好等到下一周再收取，对此，没有市民有意见，没有人觉得不方便，因为这是公共事业，每个人的责任。

圾的垃圾车。不过，在拍摄过程中，有一件事引起了我们的好奇，有一位赶来送垃圾的女士，在这里转了一圈儿后，又将带来的垃圾拿走了。这位日本居民告诉我们：“因为这个罐子已经收集结束了，车都已经拉走了，没有了，所以拿回去。”这一次没赶上，这些垃圾可能要在家里存放一到两个星期。

在我孙子市，垃圾分类已经实行20多年了，而这种做法并不是这个城市所特有的。在日本的有些城市，垃圾分类甚至已经达到了几十种，这种看似烦琐的做法在经过一段时间的磨合后，已经被绝大多数日本人所接受，并在很大程度上改变着人们的生活态度。

佐佐木说：“自从开始这样分别收集垃圾以后，我们的生活方式也有了很大的改变，比如说注意尽量少生产垃圾，同时还会尽量节省，不愿意浪费，环保意识也增强了。人们还会注意到，因为垃圾处理得好，城市里边比较干净。以前街道上比较脏，现在人们的清洁意识增强了，所以经常有人义务地在清扫。”

有许多在日本的外国人感觉在日本生活最不适应的一个地方就是细致的垃圾分类。外国人刚去日本时，小区都会给他们发一本小册子，里面详细地介绍如何将不同的垃圾分门别类。尽管如此，许多人在第一次扔垃圾的时候还是会弄错，可见垃圾分类的明细和条目之繁多。在日本环保的意识可谓是深入人心。

来日本之前，只听说过日本的垃圾分类做得好，脑子里能够想到的就是社区里有很多的分类垃圾箱，大家自觉地把垃圾按要求倒入不同的垃圾箱而已。真没想到，日本的垃圾分类首先是从家庭内部开始的，垃圾送出门前有这么多道程序！这样日复一日，年复一年，日本人把垃圾分类做到了极致，同时也把垃圾再生利用做到了世界第一。正是靠这种来自民间的高度自觉的环保意识，才使日本成为世界上先进的环保国家之一。

看到他们如此认真、如此精心地进行垃圾分类，就明白了为什么日本这么干净，水为什么这么清澈，天为什么这么蓝……

我们看日本，其实最终的目的就是为了看清楚自己。仅仅垃圾分类这一件事情，每个日本家庭要比中国家庭多付出几十倍的家务劳动。照一照镜子，才知道自己什么地方长得不好看，才知道自己该往哪儿使劲。

对于一个号称“不产生废料垃圾的国家”来说，日本的公共环保又做得如何呢？一些我们身边经常会遇到的各种顽固的废料污染他们又是如何处理的呢？说到这里，不能不提到白色污染，也就是装食品的白色饭盒。我们来到日本东京的一个比较大的超市，在这个超市里我们发现一个很特别的细节：在超市里买走用白色塑料饭盒装着的东西后，使用完毕还要把饭盒交回来。在超市里有各种包装回收的措施，像装着牛奶的纸盒，有很多消费者喝完牛奶，在下一次来买东西的时候，又把盒带回来了。我们看到很多回收的白色饭盒已经被洗得相当干净，据当地人介绍，这已经成了一种习惯。就在我们拍摄的时候，正好遇到一位来送回收饭盒的日本妇女。她说每次买完东西，下一次来都会把饭盒拿回来。她说这样做是为了给自己孩子们留下很漂亮、很干净的自然环境，自己做不了很大的事，就从这样的小事做起。

有一个数字，这个超市在整个 1 月份回收牛奶纸带 36 公斤，塑料瓶子回收了 25 公斤，白色饭盒回收了 15 公斤，要知道白色饭盒非常轻。整个 1 月份回收了 5538 个白色饭盒，2 月份是 5885 个，3 月份还没有统计出来。

在日本不仅是我们拍摄的这个超市有回收饭盒的做法，许多其他大型超市都为居民设有这样的回收箱。但是据说这个想法最早并不是由生

每家送出来的垃圾虽然大小不一数量不等，但都进行了捆绑、装袋，看不到散放的垃圾，从中可以感受到每位市民对环境的责任感。日本的垃圾分类就是从每一个家庭开始，一步步分下去，完成了全日本的垃圾无害化处理和再生利用。

产饭盒的企业提出来的，而是由日本的消费者提出来的。超市负责人说，在日本，每年要加工很多这种包装用的材料，从消费者来讲，会把它作为垃圾扔掉，它只是垃圾；但是回收的话，它能成为资源。由于环保意识的增强，消费者认为这些包装材料应该回收，作为资源再利用。所以

日本的垃圾分类是由家庭－社区－分类站－处理中心组成的一个完整的系统，每个环节都不可或缺。这是垃圾分类厂的人员按时来社区收取垃圾。

他们推动国家，或者是地方政府，或者是这些有关联的企业形成了这样一个气氛，然后促使商家设置了这样的回收箱。

回收要求用过的饭盒都要洗干净再放回来。如果回收的餐具比较脏，只能作为垃圾烧掉。对这些要求，消费者给予了理解和支持，都很配合，久而久之就形成了习惯。

对于企业来说是否愿意进行饭盒回收呢？带着问题我们跟随回收车来到了位于东京附近的茨城县，这里有一家目前规模比较大的饭盒加工厂。

工厂负责人说，日本原来没有这种一次性饭盒，都用瓶子、罐子。塑料饭盒是现代社会生产出来的。因为它很轻，很占地方，会造成很多污染，很多消费者抵制使用这种材料。如果这种情况发生，大概消费量要降低10%，这样就会有几家工厂破产。在这种情况下，为了保证自己的企业长期生存，必须去做这件事，所以我们开始回收饭盒。我们回收后，得到了大家的赞同，对环境好了，对企业也好了，另外几家企业开始跟我们学，也开始回收饭盒。

最开始是制造饭盒的企业出于对自身存亡的担忧开始回收饭盒，企业间的竞争又令更多的企业开始投身参与饭盒回收工作。最后形成消费者、企业、环境间的良性循环。工厂负责人告诉我们，其实回收一个饭盒的成本要比生产一个新饭盒的成本高。但是日本政府并没有对饭盒回收有硬性的规定和要求，全都是企业在自主地做这件事情。

现在日本一共有40个生产饭盒的工厂，其中8家工厂既生产饭盒，又回收饭盒。而这8家的生产量，占到日本饭盒生产总量的90%。但实际上的回收率跟理想目标还有一定差距。饭盒工作负责人说，10 家中会有 3 家人做到这一点，把饭盒清洗以后送回来。这 10 家人有一家每天洗得干干净净送回去，有 2 家是有时候洗有时候不洗，我们现在要做到生产 100 个饭盒，要回收起码 30 个，这是我们的目标。

为了让更多的人了解到这个工作的意义，工厂里还设立了教室让日本居民来参观和感受饭盒再生产过程。

目前在日本，大概 5 个饭盒里就有一个是环保饭盒。这些使用过的饭盒经过循环处理，非但没有变成“白色污染”，而且还能重新流通到超市被人们再次利用。

进了这个超市，就会发现回收再利用是以另外一种方式展现的。塑料瓶经过新的工业化流程后，已经变成这个超市里工作人员系的围裙。饭盒再利用不是洗干净、高温消毒再使用，而是经过重新加工和新材料合成制成了新饭盒。装牛奶的盒子最后变成了纸，价钱似乎比旁边不是再生利用的稍微便宜一点儿，而且打上了超市的名字，变成了这个超市的特色商品。

在日本循环再利用的观念深入人心，不仅生活用品要回收再利用，对于令人头疼的电子垃圾也不例外。为了保护环境，努力实现循环型经济社会，2001 年 4 月，日本正式实施了《家用电器回收法》。这部法律不仅规定企业对生产的产品承担回收义务，而且要求在购买家电产品时的价格里也包含这种产品的再循环费用。

坐落在日本兵库县的一个大型电器回收利用技术中心，每月处理废旧家电 10 万台，主要是粉碎、分离和回收可再利用的原材料资源。

这是我孙子市的垃圾分类站，所有从社区收取来的垃圾，在这里要进行再次分类，统一打包，之后运送到垃圾处理工厂去做最终处理。这种垃圾分类工厂看似技术含量不高，但作用重大，它承前启后，是社区与垃圾处理工厂之间的不可缺少的枢纽。

废旧家电里的很多原材料都是在这里被循环再利用的。当初这家家电处理中心的赢利并不被看好，但在今天国际市场家电原材料不断上涨的时候，回收回来的铜铝锌的卖价都比预想的要高，从而给企业带来了切实的利益。

这家工厂为了让市民更好地理解废旧家电再循环利用的工作，特意开放了厂区。每年这里都要接待日本各地几万人次的普通民众来参观。

今天的日本像这样的家电循环利用中心和循环工厂已经达到了 40 多家，人们形象地把它们叫作“吃家电”的工厂。松下电器的环境部部长大鹤先生给我们介绍，现在松下电器从一般的家庭中回收已经过了使用年限的电视机，然后经过一些处理做成别的商品再推向市场。废品回收再利用能减少对能源的消耗，但如果生产出来的产品本身就环保的话，就更能减少对环境的污染了。如今越来越多的日本企业纷纷研发绿色节能产品。在松下公司一个环保产品展厅，大鹤先生给我们介绍了一些已经投入到市场的绿色产品。大气污染、水质污染损坏了很多人的健康，日本也有过这样惨痛的经历。企业的发展必须与环保同行，这是时代对国家和企业提出的要求。

看到垃圾处理厂烟囱里飘出的烟，我们可能会想这样一个问题，烟会飘向何方？其实完全不能确定，它要根据风向的不同，去选择走向。说到环境问题，不能说它只属于哪一个国家，现在世界你中有我，我中有你，而且互相影响。不管是日本、中国、韩国，还是其他国家，共同把环境治理好，每一个人都会成为真正的受益者。

落语：
日本的单口相声

我们乘车赶到大阪的道顿堀，采访大阪府立的上方演艺馆，这里有日本的传统演艺活动。今天正赶上了有“落语”演出，一种很像中国单口相声的民间曲艺形式，在一个很小的剧场内演出，只能坐一两百人。

表演相声的这种场所，规模不算很大，但是叫相声，那是咱中国人的说法，在日本这种形式应该叫落语或漫才，落语是单口相声，漫才是两个人来进行表演的。今天我们就会听到一段单口的。

“昨天傍晚，西边的米铺里进了贼。听说了吗？”

“等等！西边没有米铺啊！”

“啊？是吗？啊，对对对。是东边的。”

“东边也没有啊！”

“那就是南边的。”

“没有！”

“北边。”

“都说过啦！没有！”

自言自语：“难道这里的贼都不吃米吗？”

大笑。

在表演形式和内容上，落语和中国的单口相声很相像。落语表演的场地并不大，在剧场前方的小舞台上摆着一个小软垫子，落语师就跪坐在上面表演。虽说落语师表演时都会穿上非常正式的和服，可他们说的却都是地地道道的民间大白话，而且很多落语师用的都是当地方言，都是当地人，不是当地人也不容易听懂。那么落语和我们的单口相声有什么不同呢？落语更像是独角戏或者单人小品，因为落语除了嘴皮子的功

日本的民间艺术种类非常多，每个城市都有一些适合民间曲艺演出的小剧场。这是大阪的一个小剧场，因为大阪是一个历史悠久的世俗化城市，民间艺术活动非常兴盛，所以这一类的小剧场也有许多。而这个小剧场以演出“落语”而著名。

落语如果意译为中文，就相当于中国的单口相声。一个演员在台上天南海北，观众在台下哈哈大笑。显然，落语在日本也是一个逐渐远离年轻人的艺术门类，看看台下的观众便知。

夫，更注重用滑稽的表情和夸张的动作；为了让演出更出彩儿，许多落语师还会拿着折扇和手帕当道具。

落语表演的内容大都是老百姓日常生活里家长里短的小故事，如果能经常听听落语，对日本的风俗民情也就能了解得差不多了。日本的落语都是通过师傅带徒弟的方式口口相传的，通常学落语的人要经过 10 年的苦学才能成长为落语师。学徒出师以后，再和演出公司签约，然后，就要靠演出来维持生计了。目前，落语的听众主要是一些中老年人，就像中国的戏曲一样，在现代流行文化的冲击下，落语艺术正在走向衰落的境地；落语表演的市场也急剧缩小，落语师的收入也不高。

落语师桂三若介绍，最初级的表演者说一段 15 分钟的落语，收入是 500 日元，扣除税是 450 日元。如果踏踏实实地干，还是能维持生活的。现在他是独身，靠这些收入，基本能满足自己的生活。

落语起源于 300 多年前的江户时期。据日本落语家介绍，当时的段子大多来自一本从中国传入的名为《笑府》的笑话集。后来又陆续受到《宫廷野史》和《聊斋志异》等文学作品的影响，经过不断发展，落语才演变成现在这个样子。到 21 世纪，为了让落语继续发展下去，许多落语师开始尝试着对落语进行各种改良。

为了确保让每一批观众都能听到他们喜欢的段子，落语师们一般在演出开始时，才会根据到场观众的情况临时决定说什么段子；在演出过程中，也会根据观众的情绪反映随时调整自己的表达方式。另外，过去的落语表演是不用麦克风的，现在，为了让观众听得更清楚，落语表演者也用上了麦克风。为了推进落语的发展，还有一批落语师直接走上电视进行表演。桂三若就经常在电视上出现，现在已经是日本落语界的一个小电视明星了。

落语研究专家古川绫子说："越是有名的表演者，参与的电视节目越多，不过基本没有同时从事其他工作的现象。"

在电视这个大众传播工具十分普及的今天，落语面临的困境和中国

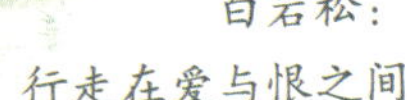

虽然听不懂演员的语言，但我们可以听懂台下观众的阵阵笑声。任何民间艺术都有自己的生存方式，总能找到自己的知音，日本政府似乎从不出钱去帮助或者振兴某种民间艺术，做这种事情的通常都是民间的个人或者企业。

的传统相声一样，上电视表演，传播虽广但也销蚀了落语艺术的表演特色；坚持在剧场演，传承了落语艺术特色，却传播有限无法普及。许多传统的落语师还是觉得落语并不适合在电视上演出。

落语师林家花丸说："落语还是与观众离得近一些好。可以及时观察观众的反应，通过观众们的表情和发笑的程度来调整当天的表演。所以我认为，与在离观众很远的地方表演，甚至是上电视，在对面没有观众的情况下表演相比，还是在小房间表演效果好。"

尽管许多落语师认为源于剧场的落语最后还应该回归到剧场，也有人正在思考如何借助现代流行文化和电视的传播优势传承落语文化。

桂三若讲道："前一阵，日本的一个叫'TOKIO'的很受欢迎的偶像组合，主演了一部以落语为题材的电视剧，受到了很大的欢迎。从那之后，先是在东京兴起了落语热，之后影响到大阪，人们开始觉得说落语也是一件很时尚的事情。"

2005 年，日本还制作了一部以落语为题材的动画片《落语天女》，动画片播出之后，受到了不少日本少年儿童的喜爱，许多小朋友也因为这部动画片对落语渐渐有了了解。

另外，日本有关政府部门也对落语发展做了许多工作。我们进入的这家落语剧场在大阪是相当不错的，而一场演出的票价才折合人民币 25 元钱。在日本这个高物价的国家，这是一个惊人的低物价，而且老人和孩子还可以更优惠。我们还参观了大阪一家落语博物馆，在这里，人们可以免费查阅各种落语的影像资料。为了吸引更多年轻人的目光，许多落语师的形象还被制作成了卡通玩具形象。这样的演出场所和这样的展览馆，都是由大阪市政府出资建立，而且票价很便宜。

散场了。在语言落下的时候，现场要有效果，这就是“落语”这两个字的由来，有点像中国相声里的“包袱”，因为今天是周末，来的人比较多。但对于落语这个有着 300 多年发展历史的传统艺术形式而言，目前观众的规模已无法与它辉煌的时候相比。

显然，落语和漫才、歌舞伎、能剧等日本其他传统表演艺术形式一样，都要在急剧变化的时代继续寻找生存的空间。

道顿堀：

走进天下厨房

采访之前，我们由小凌带路，去寻找一家当地很有名的九州拉面馆，名叫“一风塘”。这家拉面馆店面不大，但名气很大，中午许多上班族都来就餐，还要排队等候。拉面味道确实很棒，让人意犹未尽。随后，我们又到了大阪著名的饮食一条街——道顿堀，体验了当地各种著名的美食，如乌冬面、河豚火锅、回转寿司、章鱼丸子……在日本有这样的说法：吃在大阪。不对，这不是标准的日本说法，日本人是直接称大阪为“天下厨房”。听听，天下厨房，好吃的都在这里。

为了更好地解读日本美食，我们请来了在NHK电视台做了3年美食节目的三木小姐做陪同。

三木小姐首先把我们带到了大阪最有名的一个叫“今井”的乌冬面饭店。三木小姐说，乌冬面是大阪人最喜爱的一种食品。

日本的乌冬面是一种粗面条，一般用小麦加工制作，咬起来感觉很有韧劲儿。通常，乌冬面的汤色比较清淡，透明得几乎可以看见碗底。乌冬面的汤追求原汁原味，而煮面条先放什么、后放什么也是很有讲究的。煮好的乌冬面上放葱花和豆腐皮，再浇上汤，就算做成了。厨师说，乌冬面的奥妙在于豆腐皮，一般做豆腐皮要花3个小时。

三木小姐说，乌冬面是源自中国的。很早以前，在中国有种面条叫做“乌龙面”，后来这种面条传到了日本，就逐渐变成现在的乌冬面了。很多大阪人或者日本人把乌冬面作为一日三餐，特别是当夜宵来吃，甚至有些人顿顿都吃，其中午饭选择吃乌冬面的人最多。在三木小姐家，每隔三四天就会吃一次乌冬面。

如果说乌冬面是日本人的家常便饭，那么“刺身”可以说是日本的国菜。刺身就是我们通常所说的生鱼片，它是把不同种类的新鲜的鱼或贝类的肉，按照特有的刀法切成片，吃的时候搭配酱油和芥末作为调料。可以说“刺身”是日本饮食文化中不可缺少的重要部分。

日本大阪不仅美食天下闻名，而且民俗、民风、建筑、街道等等，都是典型的日本关西风格，十分有个性。而道顿堀则是大阪最典型的街区，全都是老街道、老房子、老商店、老食品、老剧院等等，令人流连忘返。也许来到这里，就能体会到日本社会是怎么一回事儿了。

这只大螃蟹，是大阪道顿堀的标志物之一，在这里能够吃到最有日本风味的螃蟹和其他海鲜，还有章鱼丸子。这里的街区无论白天晚上，永远都是人头攒动，人声鼎沸。大阪与东京最大的不同，就是它具有的丰富而略显无序的市井文化，这是大阪的可爱之处。

在日本有一种与众不同的刺身，吃这种生鱼片是要冒一定危险的，但是却非常受欢迎，它就是河豚料理。河豚是有毒的，在日本做河豚的厨师是需要执照持证上岗的。料理河豚的厨师必须经过严格的考试，考试合格后发给执照，方能营业。据说这就是大阪人想出来的可以安全吃

在大阪的道顿堀，谁也说不清楚这里到底有多少家餐厅饭店，可谓多如牛毛。尽管每家餐厅面积狭小，厨房也显得拥挤，但有一种印象是深刻的：干净有序。在日本，如果哪家餐厅发生食品不洁事件，那就只能关门大吉了。日本人爱清洁的习惯，在食品方面表现得尤为突出。

这是一份提供给剧场观众的海鲜便当，相当于人民币 100 元左右。在中国人看来还是比较昂贵的，但在日本是很普通的价格。

河豚的方法，所以绝对不用担心安全问题。河豚好吃，但价格不菲。一个人要 10000 日元，折合人民币是 600 元到 700 元之间。据介绍，料理河豚和料理其他鱼类不同，河豚的肉要切得很薄，透过鱼片可以看见盘子上鲜艳的图案。

日本的饮食是很在意仪式感的，不光在于味道，他们很注重食物的摆放和美，甚至切的薄片要用底下有颜色的盘子衬出来。三木小姐说，日本料理注重发挥食材本身的味道，如吃鱼就要吃它本身最天然的味道，不会在烹饪上花很复杂的心思，通常只是简单地煮一下，然后蘸佐料吃。生鱼片也是这样，生着蘸酱油吃。这就是日本最精髓、最原始的烹饪方法。

日本的陆地被海洋环绕，周围都是水，日本人跟鱼的感情好像非常深厚。

在日本料理中与生鱼片平分秋色的另一个主角就是“寿司”。据说早在公元10世纪初，日本文献中曾有过关于寿司的记载，当时的寿司指的是用发酵的方法来保存鱼。就是把鱼肉抹上盐，用重物压紧，使之自然发酵，当鱼肉产生酸味后，即可食用。后来，就有人把用醋腌制过的米饭加上海鲜一起做成饭团，据说这就是现代寿司的原型。

三木小姐把我们带到了一家“回转寿司”店。这是一家自助餐厅，女性的价格是每人1260日元，男性是1575日元，折合人民币是100多块钱。时间没有限制，随便吃，就看你的肚量有多大了。说起回转寿司，可得告诉大家，是大阪人发明的。三木小姐说，一般吃寿司的时候，都是厨师把寿司做好，然后一个一个放在小碟子上面。传统的做法既费人力，也费物力，所以寿司价格就很高。为了让更多的人都能品尝到寿司，就要降低成本，于是就发明了让大家自由拿取寿司，让寿司动起来这种方式。

三木小姐告诉记者，目前在日本比较常见的寿司有200多种，在一般的寿司店里通常就能够吃到 50 种左右。在日本的家庭中，传统节日是一定会做寿司的。特别是每年的 3 月 3 日，这一天是日本的女儿节，日本妇女会制作很漂亮的寿司来庆祝节日。

在我们即将离开回转寿司店的时候，最强烈的感受是不管是听动感音乐的年轻人还是服务员，或是走进婚姻殿堂的新人，寿司这种传统的食品为了他们悄悄地发生了很多改变。不管是在价格还是方式上，寿司正在变得年轻起来。对中国很多传统食品来说，也需要悄悄地往前走一走。

道顿堀这个地方在第二次世界大战之前，一直是当地民间戏剧的汇聚地，不过现在有许多小戏馆已经被风味餐馆取代了。这一带一条条古色古香的老巷子又干净又迷人，小酒馆一家家鳞次栉比……晚上我们吃了当地很有名的烤牛肉，神户牛肉可是享誉世界啊，口感和味道好得出奇，价格也高得出奇，我们吃的只是牛肉套餐，比较便宜的一种，每人还花了 2100 日元，相当于 150 元人民币。在日本，自古以来大阪被称为“讲究吃的城市”，它以食品的丰富多样而闻名。这不仅因为大阪临山傍海、丰富的自然资源唾手可得，而且通过风平浪静的濑户内海，船只可以很便利地运来外地的物产。

晚上又赶了 1 个多小时的路程，到了日本古都——京都市，下榻在离新干线很近的一家不错的酒店——新都饭店。大家觉得好不容易来到京都住一夜，就这么入睡很不妥，于是我们 4 位男士又出了酒店，在附近夜游了一圈儿。尽管大街上行人已经很少，也分不清在什么位置，顺着马路一直走下去，看到了一座很大的庙宇。走近一看还是一座被联合

在大阪道顿堀的街区上采访，是一次很愉快的经历，眼睛和嘴巴都得到了满足。

国评为世界文化遗产的文物遗址，名叫护国寺。我们还对路边的自动售香烟机产生了兴趣，发现里面有北京的中南海牌香烟，于是大家凑零钱买了一包……转了一大圈儿，其实就是想对京都留下一丝印象而已。这座无数次听说过的日本古城，我们无缘细细欣赏就要离开它了。做新闻常常这样，这也算一种遗憾。

从京都出发，两个多小时就到了东京，这时已经是晚上8点多了。包租的车辆已经提前到达，很快就把我们送回后乐饭店。随后，找到了一家名叫“鱼民”的居酒屋吃了晚饭。在这家饭馆里遇到一位打工的中国留学生，帮助我们点菜送菜，跑前跑后。在日本到处可以遇到打工的中国青年。有一次同事叶闪到一家小超市买东西，他想找一个装东西的塑料篓子，他跑到柜台跟一个女店员用英语交流，说了半天那女孩子还是不明白他到底要找什么，很困惑。大家等得不耐烦了，走过去问他怎么还没找到篓子，结果那女孩子突然恍然大悟，用标准的京腔说：“原来你们要找篓子，在那儿。”用手一指。哈哈。

日本的新干线非常方便，在全国四通八达，列车时速都在300公里以上。车厢里非常干净也非常安静，乘客们闭目养神或者看书看报，听不到有人大声说话。在日本现在乘坐新干线上下班的人越来越多，所以在关东一带，许多人白天在东京、横滨上班，晚上乘新干线回家，其间的距离几十公里、上百公里很平常。新干线上的各个车站都建得很漂亮，服务业很繁荣，就像是一家家大超市。而这些车站名字也都冠以“新”字，比如“新大阪”“新京都”“新奈良”……

银色一族的第二人生

确定了看日本计划之后，第一个定下来的选题就是老年人状况。这并不奇怪，在日本，超过65岁的人口已经占总人口的20%，而在中国，超过60岁的人口只占总人口的11%。但问题是，由于人口基数大，中国60岁以上的人口，总数达到1.44亿，如果当一个国家看，在全世界排第七。

在日本到处可以看到老年人在工作，比如街上打出租车，几乎看不

日本是全世界最早进入老龄化社会的国家之一，作为一个发达国家，如何一方面充分发挥老年人的作用为社会服务，另一方面保障老年人老有所养，日本有许多尝试和经验。我们在东京附近的千叶县采访时，在一家市民家中，见到了一位来这里打零工的退休老人，他是通过当地的“老年人求职中心”介绍，来这里打工的。

这位正在料理园艺的老年人已经65岁了，退休前做过飞机机械师，也做过园艺师，园艺是他一生的爱好。退休后就到“老年人求职中心”报了名，遇到许多家庭或企业需要园艺师时，中心就会派他去。像他这样退休之后还想做事的老年人数量很多，各种“老年人求职机构”就应运而生，成为日本“银发一族”重返社会的桥梁。

到年轻人当司机。日本的政府也聪明，他不直接说这些岗位是为老年人留着的，而是用政策来完成，比如规定：没有几十年驾龄的司机不可以开出租车。这一来，日本各地都是银发一族在打理出租车。

起初我们以为老年人就业是为了多挣点钱，可实际进入采访后发现，挣钱只是次要的动机，真正的需求是两点：第一，有事做，有利于健康；第二，感觉被社会需要，心理上更自信。对此，在日本待上一段时间就会有感触。常听说，目前在日本，老年退休之后的离婚率在增高，而且都是老太太赶走丈夫，主要原因是退休回家后的丈夫什么都不会做，还闲来无事满口牢骚，像个废物，使得老太太们忍无可忍，再加上税收分配方面的改革使主妇们的钱包鼓了一些，于是就把忍了半辈子的气用离婚给撒出去。单从这点上看，老年人退休后的再就业有多么重要。

日本人是世界上最长寿的民族之一，除去饮食这一极其重要的因素之外，恐怕也跟退休之后依然找事做的习惯有关。在采访中，我们遇到一对 80 多岁的夫妇，80 多岁的丈夫骄傲地告诉我们，由于喜欢唐诗和

这是千叶县我孙子市的一家为老年人服务的求职中心，此类中介机构在日本遍地都是。这家机构登记的老年人数量非常大，这体现了许多老年人退休后希望通过求职重返社会的愿望，这是老龄化社会的一种共同特征。对老年人这种愿望是否能够给予保障和支持，并且提供相关法律和众多社会中介机构服务，则体现了社会的进步与成熟程度。

这是横滨市内一家高龄老人的养老院，属于普通标准型。日本的各种养老院非常多，因为日本有完备的退休制度和社会养老保险制度，所以基本上都可以做到老有所养，不同的是服务标准的高低，高收入者除了社会保险的支持外，个人还可以增加支出，那么养老的标准自然就高。

宋词，他从80岁开始学中文，现在有了一点进步。那一瞬间，我们突然畅想起自己的老年，并且不再悲观。

在我孙子市，我们采访了一家老人求职中心和一位正在当园艺师的就职老人。老人今年已经65岁了，早先在日本航空公司就职，退休后做起了园艺师的工作。日本老人退休后重新就业的情况非常普遍，日本人称这是“第二人生”。不完全是为了生计，更多是为了重返社会，加上日本现在“少子化”现象越来越严重，许多社会工作岗位空缺，也需要老人来填补。因此，老人们只要身体好，大多愿意量力而行地找一份工作，使自己和社会仍然保持密切联系。

我们来到我孙子市的一个银色人才中心，也就是专为退休之后的老人找工作的地方。在这个屋子里的墙上贴有这样一个告示，有一句话说

横滨这家高龄老人休养所，它的服务人员与老人的比例是3:1。据说日本的老人都很有钱，退休金也比较高，加上社会化商业保险的保障，使他们都能够支付起昂贵的养老费用。

得挺好："把你丰富的经验转化在工作中，让你增加更多的收入，追求更好的目标。"人才中心吸收会员的标准是在我孙子市居住且60岁以上、身体健康、有劳动愿望的老人。现在日本有不少机构都在积极帮助老人们寻求一种更有价值的"第二人生"。退了休的老年人都可以到职介中心去报名，然后获得工作机会，比如捡拾垃圾、修理草坪等。由于这些职业的收入比年轻人要求的少一些，所以很多企业愿意提供这样的岗位给老年人，同时也会节省很多成本。

银色人才中心是全国连锁性质的老人职介中心，在日本的许多城市都有，对这样的老人职介中心，日本的政府部门给予了资金和政策上的扶持，工作人员的身份也相当于准公务员。

银色人才中心事务局长铃木先生告诉我们，目前我孙子市有600名老人在这里登记求职，这些老人通常都有自己非常明确的工作意愿，工作人员也会尽可能地按照老人们的要求为他们安排合适的工作，当然这一切都是免费的。来这里的老人大概有三种：第一种是想要发挥自己以往的特长、以往的工作经验来找工作；第二种就是想利用以前自己的爱好，

因为这里都是高龄老人，多数人需要坐轮椅或者卧床，所以整个楼层十分安静，服务人员行走几乎听不到脚步声。每当有老人去世，所有的老人都会走出房间，送别逝者，他们目送逝者在服务人员和家人的陪伴下离开养老院，这是日本一些养老院的传统。

把这种爱好现在转为经济收入；第三种就是为了自己的健康，想要活动活动，来找一些体力劳动。

职介中心为老人们提供的也大多是如自行车停车场的整理、公园清

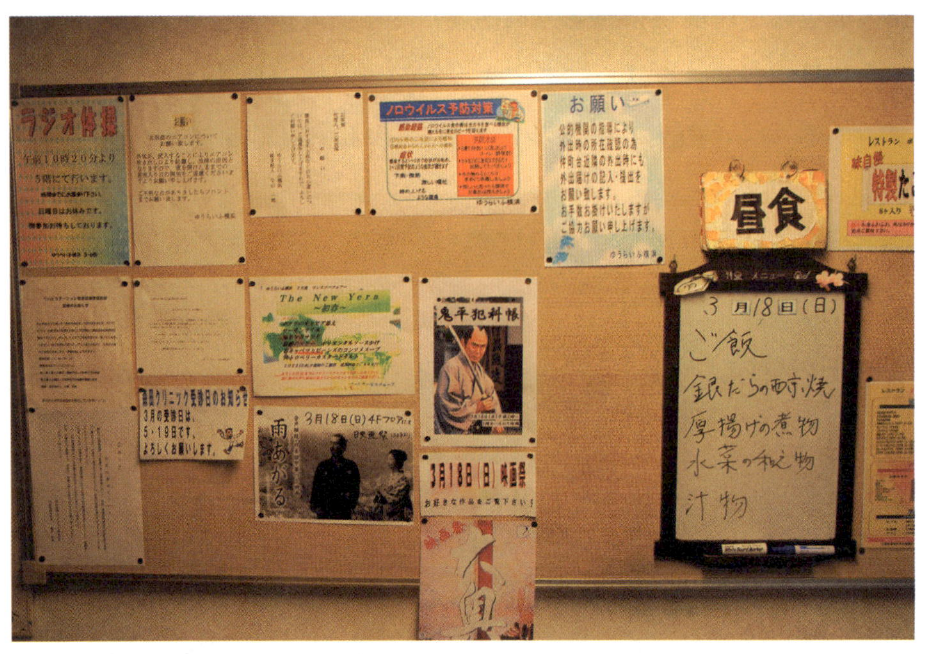

尽管老人们年事已高行动不便，但养老院还有安排了不少适合老年人的活动，有影视作品，也有讲座，还介绍每天提供的饭菜内容。

扫、垃圾分选、园木修剪等一些简单的轻体力劳动。企业之所以会把这样的工作岗位提供给老人，铃木茂晴说：“首先的原因就是，因为我们这儿做的大都是公共的工作，所以它的工资比较低；另外老人比较有信用，工作又细心。雇用年轻人必须是全职的，而老人们不是，工作只是

生活的一部分，挣点零花钱。从单价上来讲，国家有最低工资水平，我们可以达到这个最低工资水平，当然和年轻人来比较稍微低一些。”

铃木先生说，那些短期或者临时的工作更适合老年人作为生活中的

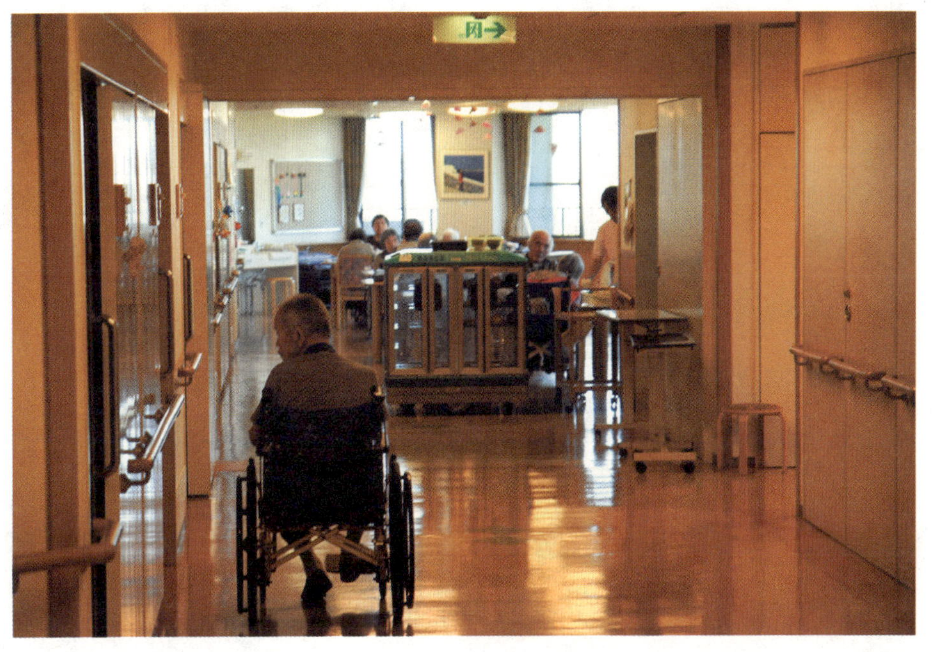

能够走动或者坐轮椅活动的老人，养老院都鼓励他们到公共区域一起就餐，开展活动，加强人际交流。

一种调剂，尽管总的收入不高，大部分老人都不太介意。对于一些公益事业，很多老人还常常以志愿者的身份参与。当然，如果能够把工作和自己的兴趣爱好相结合，同时还能增加点收入，就成了一件更加愉快的事情。

在一个普通的居民小院里，我们找到了 65 岁的小溪先生。此时，他正站在 3 米高的梯子上为雇主家的庭院修剪花木，这就是他退休后选择的“第二人生”的工作。

小溪先生退休前一直是日本航空公司的一名职员，因为兴趣，离退休还有 5 年，他决定了今后要从事现在这个新职业，为此他在退休的头一年还特意到专业的职业学校学习了 1 年的花木裁剪技术，并通过老人职介中心很快找到了工作。小溪说：“重新工作并不是为了钱。我现在是每个月可以拿到年金、养老金，基本生活是靠养老金来维持的，现在我做这个工作，主要是增加自己的零花钱。零花钱要说多少都不够，但是努力工作能够换来愉快的心情这是最重要的。”

在日本，每年初春时节，家家户户都会修整自家庭院的花木。此时，小溪先生就会如约而至，4 个春天过去了，很多的老雇主同时也成了他的好朋友。

小溪先生说，他会一直把这份工作坚持下去，直到干不动为止。

在我们采访的多位老人中，有一位退休前曾经是日本产业经济省副部级干部，在 WTO 谈判中跟龙永图谈判过，在日本有很高的职位。他退休以后，日本政府给他提供了一个去大学教书的机会，他可以拿很丰厚的退休金，但是他拒绝了，选择了自己创业。经过几年艰苦的努力，他自己创办的企业已经做得很大，生意遍及中国等很多地方。在采访间隔，老人还和节目组说了几句汉语。他说退休之后并不是一个秋天的开始，而是一个春天的开始，所以每个人都要经历一次又一次的蜕皮，不断地让自己充满活力。

谷村新司：

中国观众熟悉又陌生的日本歌手

在生活中，人们会有一种感受，有时在非常熟悉的旋律后面，存在着人们不是特别熟悉的名字。如一首日本歌曲《星》，邓丽君、程琳、姜育恒等都唱过，旋律大家都很熟悉，但年轻人可能不了解这首歌的作者——日本的音乐人谷村新司。谷村新司，59 岁，1971 年出道以来，创作了 550 首歌曲，在全球各地举办了 4000 多场演唱会，唱片总销量 3000 多万张，被日本乐坛称为教父级人物。

谷村新司的音乐是 20 世纪 80 年代的歌手，尤其是香港歌手心目中质量和市场的保证。谷村新司音乐生命的起点是 1972 年。那一年，他和他的艾丽斯乐队发行了首张单曲唱片。1981 年 8 月，谷村新司第一次来到中国。那个时候，中国的流行音乐才刚刚起步。

他曾经是日本很红的男歌手，现在年纪大了，登台少了，不过他与中国音乐界的联系近年来越来越频繁，现在还担任上海音乐学院的特邀教授职位。他创作的歌曲，山口百惠、谭咏麟、张学友、张国荣、梅艳芳等都唱过。

谷村当初创作《星》这首歌“是非常不可思议”的一个事情。因为他从小就常有一种感觉，一闭上眼睛就能够看到一个从来没有去过的风景，他认为应该是中国的北方。但他从来没有去过，他就用这首歌来描绘。在他的想象中，这个风景是一片一望无际的草原，远处可以看到山，满天都是星星，还有非常凉的风在吹。他觉得自己虽然在日本出生，但他的前世是在他所想象的这种风景的地方出生的。

谷村先生说：“我一直想去中国。也不知道是为什么，反正我就是想去看一看。1981 年我第一次到中国去，呼吸到中国的空气，手摸到中

谷村新司，日本著名的音乐人、歌手，他写的歌许多中国人都会唱，但中国听众知道他的名字的很少。我们一路上唱着谷村新司的“星”，去采访这位老牌音乐人。

国土地的时候，给我一种感觉就是我回家了。我完全没有人们想象中的那种紧张感。因为在我的想象中，中国，比如它的气息，摸着它的土地的感觉，对我来讲，确切是我认识的地方，我去过的地方，我熟悉的地方。我以前就有这种感觉。”

谷村先生第一次来中国虽然在音乐上与观众有了共鸣，但当时中国人的穿衣打扮却没有得到谷村先生的认同。“我第一次去的时候，给我的印象就是，当时的中国非常缺乏色彩。颜色不多，好像一种黑白的世界一样。因为当时日本人的服装也好，城市也好，有各种各样的色彩。但是到中国去，当时还是穿人民服的比较多。那时候正好是夏天，我看到舞台下边的一些观众，大部分都是穿白衣服，就好像是一个黑白的世

采访后合影。

界一样。人们的感觉、表情，好像是下边要发生什么事情，有一种紧张感，或者是不安感。但是我认为音乐是没有国界的，音乐给人们带来的感情和感受都是一样的。”

此后，谷村先生强烈地感到一种使命，一种责任，一种职责，他要通过音乐为中日两国间的文化交流做些事情，做一些让这两个国家关系变得更好的工作。

“当时我认为，每一个国家都有自己的政治，每个国家的政治都要考虑自己的利益，考虑自己国家的安全。国家和国家之间，在政治关系上往往会造成一些矛盾或者是摩擦。但我觉得，音乐不会发生这样的情况。在音乐面前，没有人说你是哪个国家的人，我是哪个国家的人，没有这样的感觉。所以我想音乐是超越国境的。不管国与国之间的政治关系如何，听同一种音乐的话，就和是哪国人没有关系了。我觉得，音乐可以做到这些。我认为，我可以通过音乐为日本和中国之间的交流架一个桥梁。如果不这样做的话，就没有活着的意义。我当时有这种发自内心的感觉。”

20 世纪 80 年代，中日两国在音乐、文化、电影、体育等很多方面交流非常非常多，我们自己都是亲身见证者。这种局面的出现与像谷村先生这样一批人士的努力是分不开的。

30年来，谷村新司的足迹走遍中国各地，一路留下的不仅是他的音乐。2004 年 3 月，为了能够在现代音乐教育上有更大突破，进一步开拓流行音乐市场，上海音乐学院聘请谷村新司担任音乐工程系常任教授兼中日音乐文化研究中心顾问。当时上海音乐学院的杨院长问他：“你认为对音乐来讲，什么最重要？”当时谷村先生回答说：“音乐的理论也重要，音乐的技术也重要。但是更重要的，还是有关音乐的心。”杨院长说：“你说得完全正确。正因为你有向学生传授音乐的心，所以我才聘请了你。”因此现在谷村正是为了教给他们一颗音乐的心，每个月都会来中国讲课。

“我现在已经非常熟悉上海了，当然也包括现在的北京，这跟我1981年第一次来中国的时候，已经好像不是一个国家的城市了。我感觉到变化很大。比如说天空窄小了，楼房高了，再有经济发展了。这些都是好事。但是同时我也感觉到，是不是随着这样的一些好事，也有一些东西丧失了。在日本高速成长期时，也有同样的问题。人们非常重视物质，重视金钱，而丧失了人的心。所以说我认为正是在中国这样高速成长的时期，才更需要向人们传授真正的人的心的问题。”

PAX MUSICA，也就是音乐的和平世界，是谷村新司在1984年与韩国歌手赵容弼、香港歌手谭咏麟创办的，旨在推动国家间的文化交流和世界和平。2003年中国遭遇“非典”，为帮助中国抗击“非典”，谷村新司在大阪举行了“支援中国扑灭‘非典’音乐会”，并将筹集到的1534万日元，约合12万美元，全部捐献给了中国红十字会。“非典”结束之后，他又飞到中国，举办专场音乐会，感谢医务工作者。

谷村新司在中国有很多朋友，在音乐人中，谭咏麟就是他非常好的朋友。“还有非常年轻的，比如好像我的孩子一样的毛宁。我和他第一次见面是在日本，当时他的父母已经去世了，他周围也发生了种种事情，是他心情最低潮的时期。当时他和姐姐一起生活，本来他准备放弃音乐的。那个时候，他想见我，然后我们见面了。他就跟我说他的父母非常非常喜欢谷村先生的音乐。小的时候，他就在家里听我的音乐带子。他说你

谷村新司出生于1948年，是一位日本大阪出身的音乐家及歌手，他的歌曲“星”最为人所熟悉，许多大陆和台港歌星都唱过他写的歌，其中有邓丽君、张学友、罗文、谭咏麟、梅艳芳、关正杰、徐小凤、张国荣等人。

的歌我都能唱。我看着他非常纯真的眼睛，想到这样纯真的孩子，要放弃音乐，这是绝对不行的。所以当时我就跟他讲，我和我的夫人两个人，我们两个做你的父母，这样跟他承诺。”

或许很多人还能记起山口百惠演唱的《良日启程》，它是谷村新司在1978年为山口百惠写的。从那个时候算起，到现在，也已经过去快30年了。作为音乐人，谷村新司的音乐没有守旧的倦息，一直在吸收新的元素。在许多与他同年龄的音乐人淡出人们视线的时候，谷村新司甚至还能为17岁的歌手写歌，始终保持一颗年轻的心。

“在我给她创作曲子之前，她在日本是第一号的明星，年轻的明星，是一个偶像。我准备给她作曲时，我在想，这个曲子不应该只适合一个年轻孩子的偶像，一个明星。无论是青年人、中年人，或者是老年人，听了以后都会喜欢，我希望能够创作一首这样的曲子。中国曲子名怎么说我不太清楚，内容就是在一个很好的日子里要出发，去旅行；或者是人生的出发。我认为，这个曲子她唱了以后，她的心灵也会有所改变。可能是因为她具有了音乐之心，所以中国观众更加喜欢她的歌。据说现在人们还非常留恋她。”

“往往年轻的歌手，或者是面向年轻听众的这些歌曲，很受年轻人的欢迎。并且年轻人因为特有的行为，还要去买唱片，或者是买磁盘。从数字上来看，年轻人的流行歌曲卖得比较多。但是，流行的东西，总会有闪光的部分，有灭光的时候，有高潮也会有低潮。若想成为职业的音乐人，他就会持续下去。当然，他可能不会有很大的高潮，但是也不会有低潮。我希望现在日本的年轻人，比如说很有才能的一些年轻人，或者是正在一点一点积累经验的新人，能有机会到国外去发展，能够有延长的机会。前不久有一位叫作松普艾雅的年轻歌手，希望在上海演唱，所以我带他到上海去办了一场演唱会。当时他非常紧张。本来他在日本已经有很多经验，但是在上海，太紧张了，他的心里都有点恶心了。在这种紧张状态下，他还是唱出来了。我希望有更多这样的年轻人能够出来发展。所以说音乐和年龄是无关的。”

谷村新司的工作室位于东京闹市区里一条僻静的小街上，闹中有静。

“我认为，如果有100个人的话，就有100种音乐。那么音乐不只是唱，不唱也可以说是音乐，因为人的一生都是音乐。我觉得，唱得好的人和不好的人，不管怎么样，都是人的一生，一个整个的过程，我认为都是音乐。”

“我经常在学校问学生，我说你妈妈的声音是什么样的。有很多人说‘叨叨叨’这样的声音。可能是他的记忆里，妈妈在厨房做饭的声音。所以对这个学生来讲，他的妈妈做菜的声音就是他的音乐。另外胎儿在妈妈肚子里的时候，他虽然眼睛还没有睁开，但是他在肚子里边，就对妈妈的声音有反应。所以我总是想，向人们传达音乐的，就是人本身，就是人的生命本身。中国也有一句话，叫岁月如歌，正是我说的这个意思。我想今后在音乐方面，会把中国好的音乐介绍给日本，把日本好的音乐介绍给中国。我想这就是我的使命。”

我们问了一个可能很不礼貌的问题：谷村新司先生的外表并不像木村拓哉，或者其他影星那么漂亮，但他的内心为什么可以这么甜？

“我觉得人长得漂亮与否，这是本人不能选择的一个事实。这是没有办法的。但是，人生活的过程和生活的经历，是可以表现在自己的表情上面的；还有自己脸上的皱纹，也可以显示他的一生是怎么过来的。所以如果有很好的一生，总是带着笑脸面对生活，可能他的心情就会表现在脸上，并且能从内心唱出这样的歌来。”

结束采访之后我们非常感谢他，因为这 1 个小时对我们来说，似乎已经不再是工作了，而变成是一种岁月，或者是一种回忆。

随后利用采访间隙，在东京表参道一带商业街逛了逛。转了一些东京的商店，有个明显的感觉，东京可以买到的东西，大部分在北京也能够买到，由此可见现在国内的商业繁荣程度。

栗原小卷：

与表演艺术的一世姻缘

一个下午，我们采访了中国人非常熟悉的电影演员栗原小卷。

35 岁以上的中国影迷都非常熟悉她的名字。20 世纪七八十年代《望乡》和《生死恋》这两部电影让栗原小卷成为中国妇幼皆知的演员。

当我们面对栗原小卷时突然觉得自己这是在日本吗？仿佛是在采访一个特别熟悉的中国演员一样。我们不知道她在接受了很多次来自中国的采访后，会不会也有这样的感觉，也像在国内一样。

1978 年秋天，日本电影《望乡》在中国上映。故事讲述的是女学者三谷圭子为研究卖身海外的日本妓女的历史，与当年的南洋姐阿崎婆相遇。圭子的真诚打动了阿崎婆，这位孤苦无依的老人，向她道出了自己半个多世纪的屈辱遭遇。影片中女学者三谷圭子的扮演者就是栗原小卷。她青春靓丽的形象，温婉高雅的举止给观众留下了深刻印象。当年这部电影在中国上映时引起了巨大轰动，栗原小卷也因此成了家喻户晓的人物。1979 年栗原小卷应邀来到中国，受到了影迷们的热情欢迎。1979 年由栗原小卷主演的电影《生死恋》在中国上映后立即风靡全国，掀起了一股“栗原小卷热”，她成为那个时代人们心目中的偶像。将近 30 年过去了，有的人仍然能背出这部影片中的经典对白，有的人至今还珍藏着当年的电影海报。

“最初的时候，我没有特别关注它。后来人们跟我说这两部电影在中国已经取得了那么大的成功时我才知道。特别是巴金老师以及谢晋导演看了《望乡》以后，说能够从这部电影当中看到日本人的善良之处。到现在为止这句话对我来说都很重要，给了我很多的勇气。所以那次中国之行让我感到非常高兴。我在《望乡》这部电影中饰演的是一位研究

我们去采访栗原小卷时，她已经 62 岁了，但在她的言谈举止间，依然能够发现电影《望乡》《莫斯科之恋》里的栗原小卷。时光已经过去了近 30 年，栗原小卷把人生最美丽的华章永远留在了银幕上。

女性史的作家，她将一些已经被忘却的记忆展示在她的作品中，她以一种温和的口吻向世人讲述，在亚洲以及日本有很多人因为战争受到了伤害。我想中国的人们都感受到了这部作品的内涵。”

“我觉得电影是一种非常好的艺术形式，它能够跨越国境及时间与空间的界限，能够分享感动，产生共鸣，是一种非常伟大的艺术。在我

当 1978 年日本电影《望乡》在中国放映时，用举国轰动这个词并不过分。许多人在电影院里流连忘返，甚至一场接一场地观看这部电影。栗原小卷通过这部电影让亿万中国观众熟悉了她，成为中国人最早认识的日本影星之一。

刚开始拍摄电影的时候，我没有想到它能够带给我这么多的感动，我觉得能参与拍摄《望乡》这部作品，是非常幸福的。我觉得电影应该可以分为三种：艺术电影、反映社会题材的电影和娱乐电影。我能够参加《望乡》与《生死恋》这两部电影的演出，我想对摄制组的同人们表示感谢。”

栗原小卷 1945 年出生于日本东京，6 岁开始学跳芭蕾舞，那时她最大的梦想是做一名芭蕾舞演员。18 岁时栗原小卷由东京芭蕾舞学校毕业，同年进入“俳优座”演员培训所学习话剧。从 20 世纪 70 年代起，栗原小卷拍摄了《生死恋》《忍川》《望乡》《莫斯科之恋》和《乡村教师》

等多部颇具影响力的作品，使她成为日本20世纪70年代青春文学电影的明星。然而就在电影给她带来巨大荣耀之时，栗原小卷突然离开银幕回到舞台，开始出演话剧。她主演的《麦克白斯》曾赴美国、英国、加拿大等地演出，获得成功。

20年来栗原小卷经常活跃在话剧舞台上，许多人都知道，话剧也许收入不是特别的高，而且需要投入很大的精力。对此她说："其实我是学话剧出身的，对我来说话剧是老本行，从出道以来我一直都在演话剧。但是我也演了很多电影和电视剧的作品，中国人也是通过我的电影作品认识了我。我想可能因为这些，很多人只认为我是个电影演员。中日文化交流协会的创始者之中，有一位是我的老师，我与老师当初也一起演出了很多话剧作品，像俄罗斯的屠格涅夫，以及英国著名作家莎士比亚的作品，使我在话剧方面的演技有了很大提高。那个时期话剧在人们当中也比较受欢迎，演出话剧能够在同一个空间中与观众产生共鸣，这也给了我很多的感触。"

年过花甲的栗原小卷至今未婚，为了演艺事业她放弃了家庭。没有做过妻子和母亲多少有些遗憾，但栗原小卷并不后悔自己的选择，她说："我的爱人就是工作。好多中国的朋友都知道，我因为要从事表演而选择了单身。如果我组织一个家庭，我相信我能够做一手好饭，做一个好的妻子，成为一个温柔的母亲。但是，像现在这样与中国的朋友进行交流活动，演好的作品与影迷们分享感动，为这个社会作一些微薄的贡献，我也非常喜欢这样的生活。所以要让我做出一个选择是很难的。"

可能很多人也会这样觉得，如果栗原小卷当初要选择了家庭，可能

我们采访栗原小卷时，都是她的兄弟接送和安排的。直到我们采访时，她还未结婚，用她自己的话说："在日本，如果我去演戏，两个月不回家，那么这个家里的丈夫可能就弃家而走了，所以我的爱人就是工作。"

只属于一个家庭，但是现在她没有选择家庭，而是选择了表演，属于了更多的家庭，因为大家都在看她的表演。这是一种很特别的感受。

"度过了几十年电影、电视尤其是舞台上的表演生涯，我能够饰演各种各样的女性，能够让我体验不同的经历，这在平常生活中是体验不到的。但是做演员，我能体验到这些。这就是舞台表演为什么如此吸引我的原因。"

"一个好的导演，能够让演员们发挥出自己的真正实力，并且通过演员自己去观察、读书，通过丰富自己的阅历，创造出一个好的角色。"

从1979年开始栗原小卷先后20次来到中国，与很多中国演艺界人士结下了不解之缘。1979年在北京举行的日本电影周开幕式上，赵丹把她介绍给了中国观众。1991年栗原小卷接受谢晋导演的邀请在中日合拍的电影《清凉寺钟声》里，塑造了一位老妇人形象，濮存昕饰演她失散多年的儿子。在中国的很多报道里，她的名字，跟中国一些电影人的名字连在一起，像赵丹、黄宗英、谢晋等，包括她在办影展的时候，濮存昕仍会给她发来贺词。

“我第一次去中国的时候，赵丹、巴金老师等人都对我非常好。我也认识了很多人，像黄宗英导演以及濮存昕等演员，对我来说，他们就像是家人一样的朋友，他们来日本的时候，或者是我去中国的时候，我们都会见面。2002年举办电影展的时候，谢晋导演还从洛杉矶赶回来看我。赵丹给我画的画现在我还挂在家里。”

“以前我就对中国的悠久历史以及文化艺术非常尊敬，但是我和中国真正开始进行交流，还是《望乡》和《生死恋》这两部电影给了我这

栗原小卷1945年出生于东京，1963年毕业于东京芭蕾舞学院，她的舞蹈功底在电影《莫斯科之恋》中得到了充分表现。

样一个契机。由于这两部电影在中国受到欢迎，我去中国的时候，人们也都非常热烈地欢迎我。我非常感谢他们，这也是促使我做这些事情的一个原因。在此之后，我还有幸参与拍摄过一些中日合作的电视剧、舞台剧等等。就像你们说的，我和中国之间的这种缘分，最初可能是因为一个意外。这个意外成就了我，甚至改变了我，因为之后很长的时间，我越来越多地去做跟中国和日本有关的事情。”

多年来栗原小卷一直从事中日两国友好交流活动，担任日中文化交流协会常任理事职务。2002年4月，“栗原小卷电影作品展”在北京举行，放映了6部栗原小卷的代表作品，这是为纪念中日邦交正常化30周年，在中国举办“日本年”正式开幕后的第一项文化交流活动。

栗原小卷在中国举办过的作品展映会，其中有很多都是最具代表性的。但是应她的要求，后来又把她跟中国导演谢晋合作的《清凉寺钟声》排进去了。当时很多中国导演都很惊讶，说这一部并不一定是她的代表作。

“谢晋老师是我非常尊敬的一位导演，我非常感谢他能够让我出演他的作品，这是一个很重要的作品。在演这部作品的时候我有三个感触：第一个就是能够出演谢晋导演的作品的喜悦；另外一个就是中国与日本之间心与心的交流，对于电影中所倡导的和平主题，我感到非常尊敬并且能够产生共鸣；第三点就是电影作品中表现的是一个日本孤儿被一个中国家庭以及社会培养长大的故事，对此我表示感谢。”

“去年是中日文化交流协会成立50周年，我们也举办了很多活动。中国的人们也非常热心地帮助我们。在中日邦交正常化30周年的时候也是这样。我想在35周年的时候也会有很多的活动。为了这些活动的成功举办，哪怕只是尽微薄之力，我也会去努力做的。”

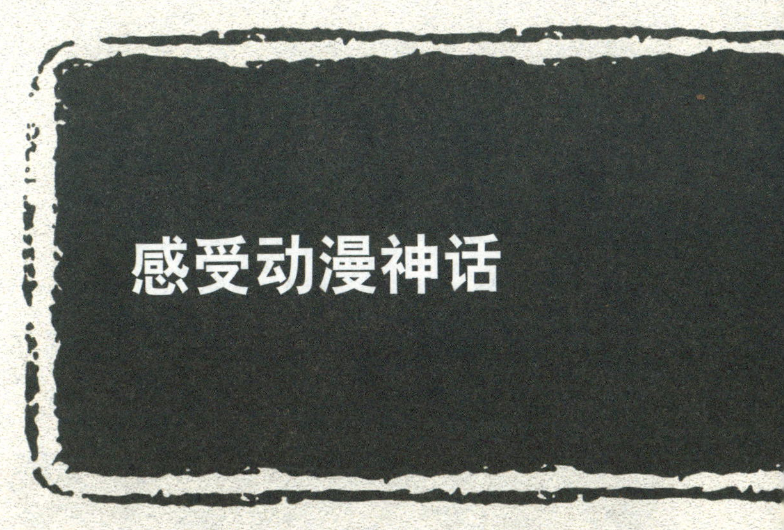

感受动漫神话

介绍日本的动漫制作和产业，是我们的一集专题内容。日本的动漫产业已经在国民生产中占据了很大的比例，就像当年日本的电器、汽车占领世界市场一样，动漫也已经开始占据世界市场的大部分份额。这就是文化产业的力量，是世界经济发展的深刻变化。

为什么日本人这么喜好动漫？这是一个让我们非常纳闷、一直没有解答出来的问题。后来我们发现，可能是因为日本人在持续紧张的压力中，养成了一种习惯，就是拒绝特别累的思考，因为平常已经够累了；而动

日本是动漫艺术和产品大国，一年一届的东京国际动漫展（Tokyo International Animation Fair），英文简称TAF，是当今世界具有国际影响力的动漫盛会，全世界来此参与展览和交易的动漫作品不计其数。我们参观和拍摄了第六届东京国际动漫节，该展会自2002年开始举办，为全世界观众提供的优秀动漫作品不胜枚举。

一走进空间巨大的东京国际动漫节现场，放眼望去有上百家展台，鳞次栉比。其中，日本动漫公司的展台占据了一半以上，各种动漫形象丰富多彩。而中国当时只有一个展台："杭州动漫节"，内容只有一个皮影道具，参观者寥寥无几，只有我们几个中国记者捧场。

漫可以让人减少思考、增多愉悦、排解压力。

日本现在有430多家动漫制作公司，每周可生产动漫节目80多期。在出版物中40%的出版物是动漫作品。而每个月出版的漫画杂志则多达350种。目前，日本动漫产业的营业额已达到230多亿日元，已经成为日本第三大产业。难怪美国《时代周刊》的封面文章中都会说，日本已经由一个产品制造大国，变成了一个文化产业的输出大国。这一点，中国的很多父母和孩子都非常有感触。大家感触完了之后，内心的滋味如何是另外一回事了。但是，不管滋味如何，恐怕我们都要关注日本的动漫产业，关注它是怎么一步一步走到今天的。

《铁臂阿童木》对于日本动漫产业的发展来说，是标志性的形象。1936年，日本的第一部在电视上连续播出的动画作品，就是《铁臂阿童木》，而它的创作者就是手冢治虫。我们有幸来到了手冢治虫的工作室。在工作室外的墙上，有这样一张宣传画，画上有这样几个字：漫画原点。

东京动漫节是优秀动漫作品和动漫大师层出不穷的舞台，宫崎骏的《千与千寻》和原惠一的《蜡笔小新》等作品，都是东京动漫节的获奖作品。我们采访时，许多熟悉的动漫人物纷纷出现在我们的镜头前。

的确，对于很多中国的朋友来说，我们似乎来到了《铁臂阿童木》的一个创作原点，更是日本动漫产业发展的一个原点。

创作出阿童木的手冢治虫先生的工作室，位于东京市埼玉县。这是一个看上去很不起眼的楼房，但脚底喷火的神气阿童木，就是从这里走向世界的。手冢治虫是日本的“动漫之父”，虽然早已去世，但至今在日本依然享有很高的声望，我们分别拍摄了他当年的工作室、画稿等。这幢大楼，现在依然叫手冢治虫工作室，许多优秀的漫画家，包括来自中国的漫画家都在这里工作，新的动漫作品依然一部部地创作出来。

1980年，中央电视台播放了日本动画片《铁臂阿童木》，从此这个无所畏惧的阿童木便深入人心。阿童木是我们引进的第一部日本动漫作品，中国观众正是通过阿童木开始认识了日本的动漫。那么这个可爱的精灵是怎么创造出来的呢？它的作者又是一个什么样的人呢？答案就在这个普通的楼房里。

一走进这个带有纪念馆性质的工作室，铁臂阿童木的形象就迎面而

日本的动漫产业如此发达，与日本民众喜爱漫画的传统是分不开的，在日本无论男女老少，几乎个个都是漫画迷，从过去的漫画书到如今的动漫影视作品，都深受民众喜爱。

来，哪儿都有。在这间不大的房子里，摆放着手冢治虫先生笔下的各种人物模型，仿佛进入了手冢治虫先生的漫画世界。铁臂阿童木的“父亲”手冢治虫先生从1951年的时候，开始在报纸上连载《铁臂阿童木》，1963年把它变成了电视版。变成电视版，就意味着“产业”这两个字成为一种可能。

手冢制片公司总经理同时也是日本动漫协会的理事长松谷孝征说手冢先生的工作室是按原样保存下来的。“这是以前手冢先生用来创作动画的桌子，是个透视台，灯光是从桌面底下向上打的。因为当时手冢先生是近视眼，所以把桌子稍微抬高了一些。根据不同的漫画创作类型，手冢治虫先生在创作的时候，选择不同的桌子。”

我们前往位于东京涩谷区的著名的“哆啦A梦”工作室采访，这就是中国观众十分熟悉的“机器猫”的诞生地。这个工作室属于“藤子不二雄动画公司”的一个分部，同时也是公司总部的所在地。

松谷孝征说，手冢治虫先生是在医院去世的，他说的最后一句话是：“拜托你，让我工作吧！”同时还挣扎着想从病床上坐起来。可见他对工作的认真达到了怎样的程度。

阿童木的作者手冢治虫，1928年11月3日生于日本大阪，1945年进入大阪大学学习医学。后来在耐良县的医科大学获得医学博士学位。在大学期间，手冢治虫就非常喜欢画漫画。1951年，应一本杂志的邀请，手冢治虫先生创作出了以科学为题的漫画《铁臂阿童木》。从此，手冢治虫弃医从画，开始走上职业漫画家的道路。继《铁臂阿童木》之后，他又先后创作出了《森林大地》《阳光之树》《火鸟》等一系列作品。

在手冢治虫之前，日本只有一些单纯的儿童漫画，或者是政治漫画、讽刺漫画，而手冢治虫则开拓了更多的漫画领域，创作了各种各样的漫画。《铁臂阿童木》是日本30分钟电视动画的基础。此前，虽然日本也有很多人从事动漫的创作；在他之后，也出现了像宫崎骏那样有名的动漫导演，但最初开拓了全新动漫领域的人物，还是手冢治虫。正因为有了他，日本动漫才得到了更加广泛的发展。因而他被称为“漫画之神”。

1989 年，将漫画视作自己生命的手冢治虫因病去世。在近 40 年的绘画生涯中，他一共留下 15 万张漫画手稿。在他 40 年的工作生涯中，他起码 1 天要画 10 张。每天画 10 张，持续 40 年才有手冢先生最后的成就。

松谷孝征告诉我们，手冢先生在从事动画创作之余，有时候还上一些电视节目，或者去国外表演，进行国际交流。即便那样，他还坚持平均每天画 10 张漫画。

很多人去探寻日本动漫发展起来的秘诀，总会去想很深的道理，我觉得第一个恐怕也是最重要的一个秘诀就是，你是不是真的特别地投入，把动漫当作自己的生命一样去对待。

在手冢先生工作室的墙上，我们还发现挂着两张委任书。一个是铁臂阿童木所在的城市，也就是“新座”市的警署，委任铁臂阿童木当 1 天署长的委任书；另一张是委任他当 1 天市长的，可见阿童木在当地的影响。

在手冢治虫先生的工作室，除了他曾经工作过的房间，还有一个重要的地方，就是被这里人称作“金库”的房间。

松谷孝征打开一扇像银行金库似的铁门说，这是个仓库，即便整座楼因为火灾都被烧掉，这里面也不会被破坏。所以这里的“金库”是另一个“金”的意思，它这里不一定藏的是金子，这里存放的都是手冢先生珍贵的手稿。这里是一个创作的“金库”。

松谷孝征给我们拿出来《铁臂阿童木》的原稿说：“这个是从 1952 年开始连载的，距现在已经有 55 年了。我们非常小心地把它保护下来。对于我们来说，这是宝贝一样的东西，光这一本估计得要几百万日元吧！”

如今，在手冢治虫先生工作过的这个楼里，仍然有很多人在从事着漫画创作。在这个新的创作队伍中，我们意外地碰到了一个来自中国学习动漫创作的小伙子。我们问他："你到这里后，感触最深的是什么？"他说："感觉这里完完全全是一个纯粹的创作氛围。"我问他："中国的动漫也要发展的话，你觉得最该借鉴的是什么？"他说："是'态度'。"

现在的日本漫画是在20世纪50年代之后开始形成的，1950年到1970年的20年间，是日本漫画确立风格和技法的一个时代。此后的1970年到1980年，这10年是日本漫画发展的黄金10年。这期间涌现出了大量的优秀漫画家和漫画作品。1980年以后，随着电视的普及、电脑技术的应用，日本真正进入了动漫时代，动漫也发展成了今天的一个文化产业。

从阿童木诞生到现在虽然已经过去50多年了，但它的商品开发却从没有停止过。几十年来，各种阿童木的产品已经超过100种。松谷先生说："动画创作是一个非常花钱的行业。我们这里制作的动漫有很多都是亏损的，幸亏有了这些商品，才能弥补赤字。"

动漫的商业开发，带来了可观的经济利益。而成功的商业开发，又促进了动漫事业的发展。经过几十年的发展，日本已成为世界上最大的动漫制作国和输出国。目前全球播放的动漫作品中，有60%来自日本。

"以漫画为基础，诞生了电视动画，逐渐出现了个性鲜明的动画人物和结构紧凑的故事情节。正是因为这些，日本动漫获得了巨大成功。这种比较受欢迎的动漫都有一个个性鲜明的主人公，而围绕那些主人公，会开发出很多商品，这也就是'商品化'。动漫的DVD、录像带的销售会起很

“哆啦 A 梦”工作室里陈列了许多动漫形象，绝大部分是中国观众熟悉和喜爱的人物。

大作用，不过那些周边商品以及游戏的开发也占了很重要的一部分。”

如果说阿童木是一个里程碑，永远矗立在了日本动漫史上的话，那另一个为我们所熟知的日本动漫作品《机器猫》，则可以说是日本动漫不断变化、不断发展的一个代言。

《机器猫》诞生于 1970 年。1991 年引进我国后，这个憨态可掬、神通广大的蓝色精灵很快得到了中国观众的喜爱。在机器猫身上所反映出来的日本动漫的变化，首先可以从它的名字说起，这个蓝色的小猫诞生时的名字叫机器猫，后来又改为叮当猫，现在它的新名字叫哆啦 A 梦。

哆啦 A 梦工作室，位于东京市涩谷附近的一个繁华地段。这是一座非常高的大楼，有 30 多层，我们直达第 28 层，这里是“藤子不二雄动画公司”的一小部分，是公司的行政总部。一走进这里，立刻感受到了无尽的快乐，无数个我们熟悉和喜爱的动漫形象扑面而来，机器猫、野比、大熊……太让人兴奋了。今天在中国，从七八岁的幼儿到三四十岁的成年人，很多人会感到这些形象无比亲切！向我们介绍哆啦 A 梦工作室的，是藤子先生生前的经纪人依藤善章。他现在是藤子制片公司的董事。依

藤本弘先生是日本最为著名的漫画家之一，“哆啦A梦”就是他的杰作。同时，他也是“藤子不二雄动画公司”的两位创始人之一。他还有一个别名叫藤子·F·不二雄，用以跟另一位创始人藤子不二雄A区别。

藤善章带我们来到了一个柜子前。拉开柜门，我们发现上面密密麻麻贴满了相片。依藤善章说：“这些是这么多年来哆啦A梦创作者、工作人员的照片，还有给我们提供各种协助、帮助的一些人的照片，我把他们的照片放在这里，就是想提示我们自己正是受这些人的协助和支撑才有今天。白先生的照片我也会放在这里。”

从37年前哆啦A梦的诞生到现在，哆啦A梦先后经历了由漫画到动漫，再到电影的历程。可以说随着时代的发展，哆啦A梦也在不断地变化着。我们问依藤善章先生：“怎么保持在形象不变的同时，永远能有新的内容去吸引现在的孩子？”依藤善章说：“藤子先生画了有45卷漫画，以这个为基础，选择一些精华，然后也引进新时代的一些因素，将其扩大，形成明年的电影。例如，有的情节是以魔术为主题，有的以学习为主题，有的以教育为主题。”

正是有了这种随着社会的发展而进行的变化，哆啦A梦始终受到人们的喜爱。现在哆啦A梦的创作者，是10个平均年龄30多岁的年轻人，他们已经接过了藤子先生的画笔。藤子先生离开了，但他的哆啦A梦却一直和我们在一起。而根据藤子先生 45 卷漫画改编的电视动画片，现在已经 2000 多集了。

我们明白不变的东西是什么，但是一定会有变的东西，因为只有变的东西，它才可能持续 37 年，或者到 100 年，那变的东西是什么？依藤善章说："确实是根据不同的时代、社会的变化，采纳孩子们比较感兴趣的内容。还有它的音乐、表现方式，比如说现在很多动漫公司都采用电脑编辑。"

经过多年积累，现在哆啦 A 梦的商业开发已经形成了一个完整的体系，漫画公司、商业公司，各司其职，完成作品的创作、开发、推广。

1984 年 3 月 10 日，哆啦 A 梦的新电影《魔界大冒险》举行发布会。在这部哆啦 A 梦最新的电影中，内容上不仅增加了现代流行的冒险因素，在推广上更是下足了功夫。

依藤善章说："这样的工作我们已经持续 26 年多了，不同的公司负责不同领域的工作。关联的制作商品的公司同时会考虑要生产商品去销售，它们分别在自己的领域里做自己的工作。"

台上由真人装扮的卡通人物和它们的配音演员依次登场，台下随着台上情绪的变化逐渐被调动起来；而在组织者的安排下，观众都戴着统一的红色方巾，最后则组成一个机器猫的图案。这样热烈的场面，使发布会达到了预期的效果。

阿童木、机器猫的创作发展之路也代表日本动漫产业的发展之路，日本动漫创造产业奇迹的一个最大秘诀，也许就是那种创作者视漫画为生命的态度。正是在这种态度的感召下，日本的漫画才逐步走向了今天

在“藤子不二雄动画公司”总部有一间办公室永远不会更换主人，这就是藤本弘的办公室，至今保留着他去世前的原貌，以及他创作的不胜枚举的动漫形象，以表达公司对这位创始人永远的敬意和怀念。他于 1996 年去世，但他的公司和动漫形象，至今十分活跃。

的繁荣。

接着我们又应邀参加了第六届东京国际动漫节，亲身感受到了日本动漫产业的庞大和先进，在偌大的展厅里，看到的几乎都是日本人的公司和产品。在中国，动漫产业、文化产业刚起步；而在日本，动漫产业已经成为国民经济的重要支柱型产业了。我们也看到了一两家中国人办的展台，其中有中国很有名的“杭州动漫节”的展台，与日本的各个展台相比，那种差距恐怕不能用“很大”这个词形容，只能说一个是成年人，一个是婴儿。

晚上中国驻日本大使馆的孔公使设宴招待采访组的全体同人，喝了茅台、花雕、红葡萄酒三种酒，晕。

这是日本另外一家著名的动漫公司——手冢治虫工作室。它的创始人是著名漫画家手冢治虫先生，他是日本漫画界的泰斗级人物，创造了日本动漫许多个“第一”：第一部多集电话动漫片《铁臂阿童木》、第一部动画长片《100 万年地球之旅熊猫 BOOK》。他的动画作品在 30 多年前就已经进入中国，甚至家喻户晓，比如“铁臂阿童木”。

手冢治虫已于 1989 年去世，但他创办的动漫公司至今依然存在，在新作品不断问世的同时，看到那些熟悉的动漫形象仍然备感亲切。

鹿儿岛的沙浴温泉

在日本九州岛的鹿儿岛县，一下飞机看到一奇景，在机场的候机大厅门口就可以喝温泉水，用温泉水洗脚。温泉，就是这个城市的符号。事实上，日本境内的温泉星罗棋布，它是世界上温泉最多的国家，多地震多火山给日本带来了许多自然灾害，也得到了上天赐予的宝贵资源——温泉。

自古以来，日本人最传统的休闲方式就是泡温泉了。在日本泡温泉的确是一种享受，尤其泡室外的温泉，望着远处的群山，头顶上落叶飘舞，心境宁静极了。怪不得日本人泡温泉时都很安静，一副闭目养神的样子。但是鹿儿岛的人们却凭借临近大海的地理优势平添了一种特殊的洗浴方式——沙浴。

鹿儿岛的白水馆饭店位于指宿市内，是一家典型的日式酒店，吃和餐，睡榻榻米，而且这里还有日本独一无二的沙浴，而沙浴又与地热和温泉分不开。日本是一个多火山、多温泉的国家，而鹿儿岛的指宿市是日本最著名的温泉之乡，到处都是天然温泉。坐车行进在公路上，就能望见群山之中升起的一股股白雾，那便是天然的温泉冒出的热气。这里还有日本著名的活火山——樱岛。在鹿儿岛湾当中，还可以清晰地看见火山口冒出的白烟，一走近就会嗅到一股浓浓的硫磺味。也许，“硫磺岛”

日本有上千年使用温泉的历史，并形成了独特的温泉文化，弥漫着浓浓的人文气息。历史上许多文学艺术家、政治家、军事家都常常以温泉为活动场所，在这里聚会、创作。据说日本人的长寿，也与经常泡温泉有关系。走进日本的温泉池，无论大小，都设计得别有洞天，它的精致，它的干净，令人不忍离开。

就是由此得名的。

指宿这个地区的海岸周围都是温泉，温泉渗到海边的沙子里边，于是便可以利用沙子来蒸浴。因为指宿附近有一片火山带，所以这里海边上的沙子大都是黑色的。同时，指宿又拥有日本唯一的地热海岸，邻近的温泉水渗漏到海边，把沙滩上的沙子加热到了 50 摄氏度左右，用这样的沙子洗沙浴是最适宜的。闭眼一想，人泡在露天的天然温泉里，面对大海，望着樱岛这座热气腾腾的活火山，该是一番什么样的享受！住进白水馆饭店，这一想象很快就变成了现实。先是九州观光协会二井会长用和餐宴请采访组全体同人。大家喝得有点微醉时，就去泡温泉、洗沙浴。所谓沙浴，就是用一种天然温度 40 多摄氏度的黑色沙土，将人整个

日本最南部的鹿儿岛县指宿市，是日本著名的观光城市，我们入住在海边一家名叫“白水馆”的温泉酒店。那天有两个团体入住，除了我们采访组之外，还有一个韩国的企业团队，细心的主人在大门口特意升起了中韩两国国旗，让我们感到了体贴和温暖。

日本的许多温泉酒店充分利用温泉资源，室内外都设计了各种不同的温泉池，这家白水馆温泉酒店也是如此。泡着温泉，望着大海，淋着细雨，别有一番滋味。不过，这家酒店最为著名的，是“沙浴”。

这就是白水馆温泉酒店的“沙浴”，因为海边上沙子全是黑色的火山沙，加上温泉和地热的作用，盖在身上十分暖和。当地日本人经常进行这样的“沙浴”，据说能够治疗许多疾病，还能消除疲劳。现在，这种“沙浴”已经成为当地推广旅游的一种内容了。

埋进沙里，只露一张脸。大约 20 分钟后，浑身被汗水浸透时，才爬出来，再泡进温泉洗净全身。洗沙浴有很多讲究。首先，在被沙子埋起来之前，游客们要穿上浴袍，这样不仅可以防止烫伤，还可以帮助埋在沙子里的皮肤排汗。另外，埋在游客身上的沙子的重量也严格要求在 20 公斤到 30 公斤，不能增多也不能减少。据说，这种沙浴能够治愈许多病、能美容保健等等。据调查，与普通的温泉相比较这种沙浴的效果是温浴效果的 3 倍。举最简单的例子来说，人体有动脉和静脉，静脉血液中的黑色血液经过沙浴以后就会变红色。由于沙子的温度比较高，游客们埋在沙子里的时间最好控制在 10 分钟左右。从沙子里出来，再到温泉里把身上的沙子洗掉，沙浴就算完成了。指宿白水馆工作人员介绍说：“如果沙子太少，沙层太薄的话，只要和空气接触，沙子的温度就会下降。”

一名游客说：“躺在沙子里面，好像我被活埋了，脑袋里面也空白了，任何事情都没有必要去想。”指宿白水馆课长代理高田吉范说：“来

采访组忙里偷闲，也按照当地人的习惯，换上浴衣，集体在温泉池里洗了一回，感觉良好。

体验沙浴的人是各种各样的，有和家人来的，有团体旅游来的，也有和朋友一起来的，从全国各地和国外来这里的人非常多，且以经济上比较富裕的老年人居多。我们一年要接待三四十个国家的海外游客，到我们这个旅店居住的客人当中60%要体验沙浴。”

现在，指宿已经有许多家沙浴馆。许多日本人都会专程来到指宿洗沙浴，洗一次沙浴折合人民币100多元，这对于高物价的日本来说，算是比较便宜的了。每到日本的黄金旅游季节，这里的沙浴馆永远都是人满为患。沙浴，已经成了日本人在工作之余进行自我放松的理想方式之一。

我们洗完了沙浴，回房间换上日式睡衣，睡在榻榻米上，确实很舒服。次日一早，鹿儿岛就下起了雨，海面上云层密布，看不到日出。

滨崎步：

最艰难的一次采访

采访日本王后级女歌星滨崎步那天，日本埼玉的风很大，人也很多，尤其是年轻人特别多。他们恐怕感受的不是大自然的风，而是流行之风。他们马上要赶去听日本著名流行歌手滨崎步的演唱会。滨崎步是日本非常著名的歌手，对亚洲歌坛来说，也是赫赫有名的。她的知名度之所以这么高、她的歌迷这么多，不仅仅因为她的歌唱得好，很重要的一点在于她用化妆和封面的造型，营造了一种时尚的感觉，让人追逐。在演唱会之后，我们也将对滨崎步进行专题采访。

滨崎步，日本著名歌手，1978年10月2日出生于日本福冈县，在她很小的时候就遭到父亲的离弃，和母亲相依为命。迫于生计，7岁的滨崎步就开始担任模特补贴家用；14岁时为了减轻母亲的负担，只身前往东京谋生；1994年，16岁的滨崎步加入了以培养女性偶像而著称的“Sun Music”事务所，开始歌唱和演艺生涯。

1999年新年，滨崎步的首张个人专辑发行。全专辑的歌词创作均由滨崎步本人担任，她亲自创作的歌词就像一面镜子，将她对生活、对自我的思考，毫无保留地呈现出来。当时正值日本经济低迷时期，滨崎步的歌词唱出了同龄人的心声，从而一炮走红。这一年，21岁的滨崎步就已经成为一位集作词、作曲、演唱为一身的创作型歌手。迄今为止，她的每一张专辑销量都非常火爆，而她最新的专辑《Secret》也吸引了很多人的目光。《Secret》是香港电影《伤城》的国际版主题曲，它是由滨崎步亲自填词并演唱的。于是我们的话题就从她的新专辑《Secret》开始谈起来。

“Secret这个单词的意思是秘密，我认为谁都有秘密，我也有秘密，

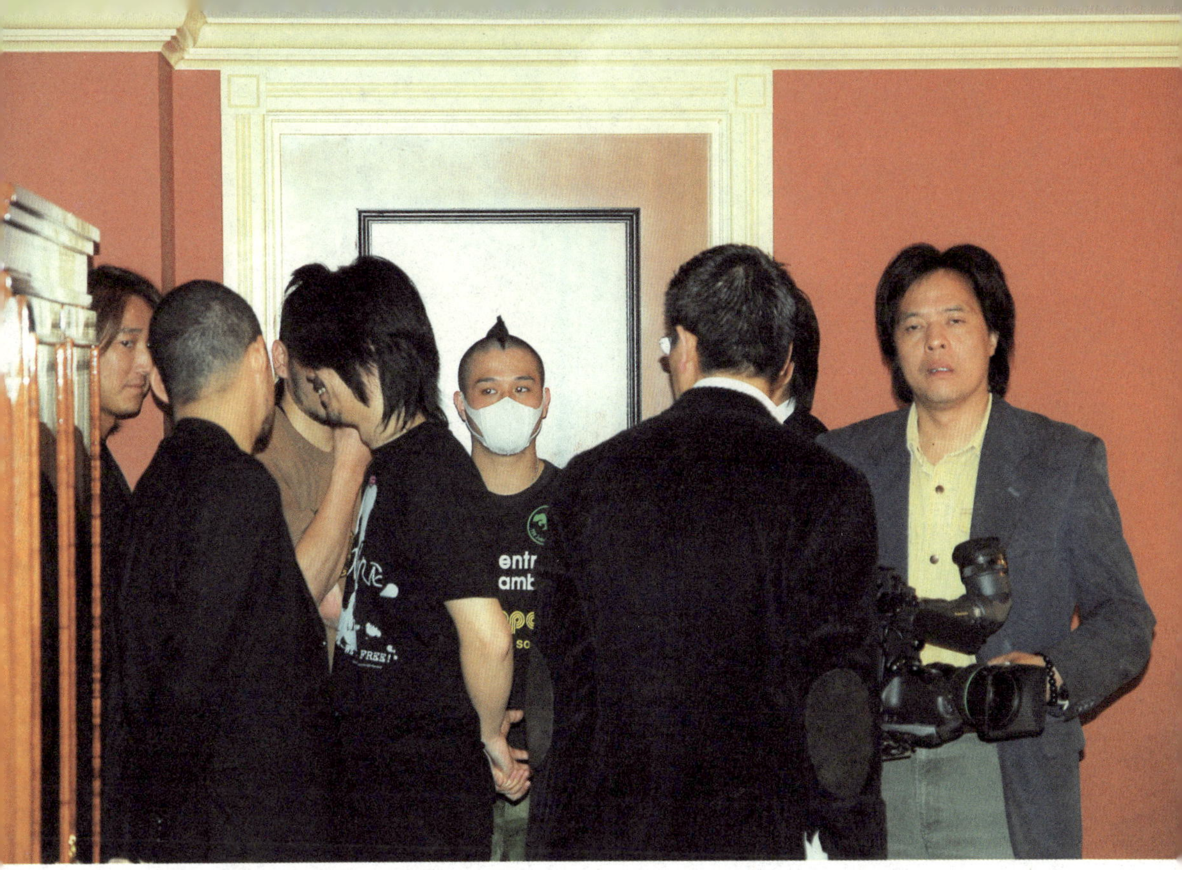

2007 年我们第一次到日本采访时，在日本歌坛最红的女歌手，非滨崎步莫属。据日本朋友说，联系采访她比联系采访日本首相还难。也许是为了扩大自己在中国市场的影响，滨崎步同意接受我们采访。采访在东京王子酒店进行，对方包了一套带会客厅的大包房，她的随从人员众多，几乎全是男性。

其他的人也都有各种各样的秘密。我在这个专辑的每一首曲子里面都隐藏了我个人的秘密。这是我设定的一个好像去解谜的感觉，并不是要暴露很多秘密的意思。各种听众所具有的秘密，还有我具有的秘密，让它们结合起来去寻找它内部的东西，是这样一种意思。”

迄今为止，滨崎步已经举办过上百场演唱会，凭借扎实的唱功、充满激情的现场表演和大胆的舞台创意，滨崎步征服了无数歌迷。她常说：“舞台和现场才是和歌迷最好的交流方式。”

那天的演唱会，滨崎步用尽全力演出，四处奔跑，这应该对她的体力要求很大。演唱会上半场的背景非常华丽，滨崎步穿的衣服以及化妆俨然是一个女王。但是到了下半场的时候，突然换上了牛仔裤和T恤衫，仿佛又回到了小女孩的民谣时代。

“为了保证体力我经常去健身房，并且有专门的指导员。不然的话，大概不能够保持这样的体力。我的演唱会一般都是这样一种形式，分两个半场。在上半场，我认为像是一个主场。这样的表演，一般半途不会有机会和观众打招呼。所以我的主场，没有和观众交流或者是讲话这样的安排，就是专注唱歌。然后在后半部，再换一个形式，和观众贴近，和他们直接交流，这是我做演唱会的一种形式。因为我认为现场演唱，不是在现场直接就唱，而是一种表演。有人觉得，上半场的时候更像我，有的觉得下半场更像，我认为只要我站在舞台上，什么样的情况都像我，也都是我——滨崎步。”

在看那天的音乐会的时候，作为中国人，让我们最感觉意外的是，在中间跟观众交流的时候，滨崎步在台上讨论的问题居然是谁会讲中国话，而且还问谁会讲广东话，谁会讲北京话。

“我日本的歌迷对我到国外去演出，是非常支持的。他们知道我到台北或者上海去演出，所以也在学中国话，这一点我是知道的。并且我知道中国的歌迷也学日本话，我想这些歌迷有一个共同点，一个共鸣的地方。通过这个共鸣，双方理解对方的文化，或者是历史，或者是语言，能够互相进行交流。这是一个非常重要的事情，所以我特意在那个场合问了这样的话题。

“在那场演唱会上当全部演出结束时，我让大家安静下来，随即把话筒放在地上，然后慢慢离开。那种结尾的方式是我每次演唱会都会有的。

让采访组等待了很长时间，滨崎步才从卧室里款款而出，跟所有采访的日本人的准时相比，她显得格外不同。

我认为下面的歌迷们是用自己亲切的声音来为我欢呼和支持。这个声音我能听到，但是我自己的声音总是通过麦克风来传达给他们。所以在结尾的时候，我希望用自己真实的声音向他们表示感谢，因此我总是先把麦克风放下，对他们道谢然后再退场。我这次现场的演唱会其实以前也开过，只是以前我是作为宾客去参加的，而这次从头到尾全部由我自己来设计、来组织。比如说从照明开始，到舞台有多少个台阶，以及服装等，很多都是我自己做准备，所以这次现场演唱会和以前是完全不同的。”

早在 5 年前，滨崎步就曾来过中国。当时她作为歌手，参加了 2002 年纪念中日邦交正常化 30 周年的“中日友好 30 周年纪念大型演唱会”。

“我上一次在中国演出的时候，首先感觉中国的歌迷非常狂热，并且非常有活力，这一点给我留下了很深的印象。记得当时给我留下的印

看得出滨崎步精心打扮了自己，毕竟接受中国电视台新闻专题节目采访，对她来说也是第一次。

象就是，在去之前我感觉中国有很多自行车，但是，实际到了中国以后发现并不是这样。特别是我所住的饭店周围，自行车并不是很多，已经是一个现代化的国家了。我想怎么和我的印象完全不一样呢？这一点我很吃惊，给我的印象非常深。”

成功之后的滨崎步非常关注时尚，据说她曾开卡车去购物，而且满载而归。有一次，她去国外购物的时候，一次买了 70 双鞋。现在的滨崎步一天几乎换 3 次衣服。作为偶像，她的这种张扬、另类的生活方式深受一些日本年轻人的关注。她每一次的造型，每一次的服装、彩绘指甲，甚至是简单的白 T 恤和牛仔裤，总是会在日本流行服饰界刮起一阵旋风。她在中国乃至亚洲都拥有众多的 Fans。作为偶像，她的一举一动都影响着日本社会的时尚潮流。她是东京流行时尚的风向标，她独特的时尚装束时常在街头被人模仿。在非常注重服饰、仪表的日本人心目中，滨崎步渐渐成为时尚的代言人，她被称为“百变天后、流行教主”。

在中国有一本杂志，在发表关于亚洲时尚的内容的时候，选择了滨崎步作为封面。很多人都知道，有的时候她会自己设计一些服装，所以我们很想了解她在歌唱的同时，如何和时尚走得比较靠近，这是否出于某种责任感。

“我并不是出于责任感来做的，我有一个值得信任的服装团队，他们经常为我提供各种各样的服装，我有的时候按照他们给我提供的方案来穿衣服，但是找不到想要穿的衣服的时候，我就提出自己的建议，然后请他们去做，这种情况也是有的。”

“我自己喜欢什么样的状态，就去穿什么样的衣服，有时候我的一些穿着，会被一些杂志刊登出来，我的歌迷就会去模仿。她们只是单纯地把我作为一个参考，我是很高兴的。歌迷们通过模仿我的打扮，如果感觉到非常幸福、非常开心的话，我觉得这是一件好事，完全没有问题。但是如果勉强去模仿的话，就不太好了。我认为他们还是应该选择适合自己的打扮，那样才会更幸福。”

当说到时尚杂志对年轻人的影响时，她说：“我以前经常看一些杂志，或者是看一些影视剧，对其中的时尚，吸取好的地方做参考。但是最近完全不看这些杂志，也不看电影了，只靠自己的感性和灵感来决定。”

出众的形象、扎实的唱功和大胆的作为，使滨崎步在日本娱乐界独树一帜。她是日本拥有最多冠军单曲的女歌手，多次赢得了各种音乐和时尚奖项。有人说，正是滨崎步像个孩子一样我行我素的性格，迎合了日本经济泡沫时期年轻人情感依恋的特点，从而一步步成为天后级人物。滨崎步跟日本媒体对话的时候曾经说过，希望自己永远不要长大，一直是孩子。

“不想长成大人的想法，到现在都没有变。但是到现在我反而认为，我是不可能长大的，我觉得所谓大人、成年人，是一个需要妥协的人。但是这一点我是绝对做不到的，因为我想做的事情，即便它很难实现，我也要硬把它做下去。另外日本人回答肯定和否定时很含糊不清，本来他是否定的意思，但回答却在肯定和否定之间，说得含含糊糊。但是对于我来说，有就是有，没有就是没有；黑就是黑，白就是白，不是零就是百分之百。由于这样的性格，和别人发生摩擦的时候就会很多，特别是和大人之间。于是我觉得，原来自己还是一个孩子。但是我也没想过要改变自己现在的状态。”

滨崎步不仅影响着日本的乐坛和时尚潮流，在一段时期内，她也是整个亚洲流行界的风向标，很多年轻人为她而疯狂。就在 3 月 24 日，滨崎步亚洲巡回演唱会在中国台北上演，整个现场水泄不通；而原定 4 月 7 日在香港演出的门票在 3 小时内全部被抢购一空。

在中国也有很多滨崎步的歌迷，他们甚至成立了滨崎步联盟。虽然它不是一个正式的、带官方色彩的一个机构，但是它依然是一个很庞大的群体。

“我本来不知道中国有这样的一个组织，最近通过我们的工作人员我才知道。我不知道联盟里面的成员大概有多少人数。我认为最好是通

从某种意义上来说，白岩松和滨崎步都觉得对方很陌生，采访一开始就不太活跃。

过我的舞台来和他们进行交流，要真正了解滨崎步这样一个艺人的话，最好还是看我的演唱会，所以我非常希望能够举办更多的演唱会，通过舞台表演和他们进行交流。但是这是第一次，不管是到台北到香港，还是到上海，这是在中国大陆第一次举办我的个人演唱会。我这次考虑要做一个事先调查，在亚洲各国、各个地方的歌迷到底喜欢什么歌曲。准备歌曲的时候，尽量选择这些地区的歌迷都能知道的歌曲，这样大家可以共同享受这个欢乐。我这次在日本还有两天的现场演唱会，但是，对于我这次的演唱会，比如说我们的工作人员，或者我们的成员，还有观众，都给予了很高的评价，说确实不愧为 6 年当中我们一个最好的精华的汇集。所以说，我的整个演唱会，从开始到结尾，每个情节的安排，都是有连贯性的，所以对我们这次的准备，周围有关的一些人，都给予很高

采访结束后，我们还未来得及收拾拍摄器材，一旁的日本青年都纷纷上前索取滨崎步的签名。

的评价。”

从 1994 年开始，以偶像身份出道的滨崎步已经在日本乃至亚洲歌坛打拼了十几年，在当前这个造星运动轰轰烈烈、优质偶像层出不穷的娱乐圈里，可以说是一个奇迹。滨崎步不仅在文化层面影响着整个亚洲，她所创造的经济价值也十分惊人。据统计，在 2001 年，滨崎步的唱片销量就占到了整个日本唱片工业的 16%，除此之外还有很多周边产品的价值难以估量，甚至连经济学家都在研究这种所谓的“滨崎步现象”。

滨崎步坦言：“作为一个要站在流行舞台上的歌唱者，其实你会面对一种压力。因为每一次出场，观众都希望你带来新的东西。虽然有时候会很累，但是这也是一种乐趣。如果说没有压力，那不是真心话，但是对我来讲，这也是一个非常值得期待和高兴的事情。大概这就是我自己存在的意义。”

最后一个特别想问的就是，歌唱对于她来说，究竟意味着什么？是生命，还是一种快乐，或仅仅是工作，还是其他的什么？她答道：“我认为音乐对我来说就是我的人生，音乐就等于人生。如果在我的人生当中没有了音乐，把音乐剥夺了的话，也许我就不知道该怎么生活下去了。”

采访滨崎步的过程，完全体现了一种商业化的过程，而且是一种极端功利的商业化。首先，在采访的前几天，滨崎步的公司就跟我们多次索要《东方时空》栏目的概要介绍、以往播出的节目磁带、白岩松的个人简历等等，几乎是一天要一样东西，变着花样要，天天不重样儿。还要我们将这些东西一次次地送过去，供他们参考。这让我们很不理解，其实在互联网时代，要了解《东方时空》栏目在中国的影响力、主持人的知名度，包括以往播出过的节目，上网自己一查什么都一目了然了，何必反复地支使我们？当我们告诉他们 CCTV 的网址，请他们上网核查一下时，他们竟一口拒绝，要求我们必须送过去。真不明白他们为什么要这样？

到了滨崎步公司指定的地点，约定的时间到了，采访的设备、灯光都布置好了，却迟迟不见滨崎步小姐露面，让我们采访组足足等了她半小时。好不容易滨崎步来了，一旁的随从又反复叮咛我们，不许拍滨崎步站着的画面、不许从她的背部拍摄、不许用照相机的闪光灯、不许采访这个那个问题……

也许，他们这么做都是为了滨崎步的商业化包装，要把她当作日本的青年偶像介绍给中国观众。

今天是到日本以来最轻松的一天，“春分”这一天在日本是全国假日，所有单位放假，大家手机也关闭了。我们的采访也全部停止，给自己放一天假。

上午先去了东京的台场，这是位于东京湾的一处繁华区域，有许多现代化的建筑，商业也十分发达。在海湾之畔，富士电视台的正对面，矗立着一座与美国纽约一模一样的自由女神像，只是小了一号，这是法国于1998年赠送给日本的礼物。我们以此为起点，开始逛商店、看展览馆。其中丰田汽车馆给我们留下了很深的印象，这里的汽车太便宜了！一辆豪华的雷克萨斯车，在中国要卖七八十万，在这里只需要一半的价格。当然，在日本是买车容易用车难，各种停车、燃油的费用比中国高得多。所以在日本，极少看到有人上班自己开车，即使是企业领导、公司高管，也都乘坐轨道交通工具，既方便同时还快捷。私家车一般都是用来周末度假或者办特殊事情用的。

席间喝了不少日本清酒，MAI的前原小姐显然喝多了，散席时差点歪倒在榻榻米上。采访组的摄影董汉卿立刻见义勇为、英雄救美，一步步地搀抱着她下了楼梯。

中曾根康弘：
日本政坛的常青树

砂防会馆的大楼虽说旧了点儿，可是在日本政治中占有很重的分量，它是日本自民党过去的总部，现在仍是自民党一些重要机构的所在地。日本前首相中曾根康弘的事务所也设在这里，他在此接受了我们的专访。

中国人太熟悉中曾根康弘了，从田中角荣时代，他就多次来中国，会客室里挂满了他跟中国领导人和其他国家领导人的合影照片，还有他跟里根总统在戴维营跑步的照片，以及他自己年轻的时候挑着担子走街串巷卖食品的照片……他老人家今年已经 87 岁了，身体却非常硬朗，思路敏捷，采访一气呵成，根本不需要秘书，也不需要提纲，只有外务省的一名官员在旁边作速记。

不难想象，如果此次不能采访到前首相中曾根康弘，将是多么让人遗憾并缺乏厚重感的行程。然而幸运的是，这种遗憾并不存在。

在中日两国，见证了从 1972 年中日邦交正常化到今天 35 年历程的政治家中，中曾根是硕果仅存者。从这个意义上说，我们更愿意把他称作“历史的活化石”。这一点，从走进他的办公地点就可以感受到。在会客室里摆放着 30 多年前他与周恩来总理握手的照片；不远处，又是他与邓小平在 20 多年前的照片；而在我们采访的头一天，日本大报上刚刚发表了他最新的文章，探讨亚洲经济下一步的发展目标。显然，他仍然没有休息，每天仍在工作并思考着。

除去对历史的认识，对政治问题的判断，对曾经参拜过靖国神社的反思，中曾根康弘给我们印象深刻并很难忘记的是他的内心情感以及与中国领导人的感情。

他曾经有两个与中国有关的愿望，一个是去江西共青城胡耀邦的墓地上看一下。我们很能理解他的这个愿望，因为在他当首相的时候，胡耀邦是党中央的总书记，两人共同在20世纪80年代中期，开创了中日之间被今人称为“蜜月期”的时代。而且，据说两人私交很好，于是，他想去胡耀邦的墓地看一下的愿望就很容易理解了。去年，他实现了这个愿望，在胡耀邦诞辰90周年的时候，中曾根老人在胡耀邦的墓地周围，

在我们想要采访的日本名流中，中曾根康弘先生是最早确定下来的，尽管当时他已经89岁高龄了。在所有的日本政治家中，他的重要性是别人无法比拟的。在他任内，日本成为世界第二大经济体，他是日本经济走向强盛的领军人物。同时，他又是日本政界最强硬的右派，在他任内大幅提高防卫预算，带头参拜靖国神社，呼吁修改和平宪法，积极参与对苏联的冷战等，使日本从一个经济大国迈向政治大国。

89 岁的中曾根康弘，没有任何人陪伴，自己走进办公室接受采访。他对中国比较友好，推动中日恢复邦交、对华低息和平贷款、中日青年互访等等，都是在他的力推下实现的。他跟周恩来、邓小平、胡耀邦、胡锦涛都有很好的个人关系。

种下了 90 棵日本的樱花树。听老人讲到这个细节的时候，我内心怦然一动，我看到了一种超越了政治的感情。要知道，这样的举动没有其他意图，只代表中曾根自己，也正因为如此，才让人感动。

中曾根的另一个愿望，是去西藏看一看，如果能坐新修好的青藏铁路上的火车就更好了。对此，我们含蓄地表达了对老人上高原的担心，80 多岁的中曾根豪迈地回答："没有问题！"

白岩松：您觉得在中日两国未来相处的过程中，还会出现很大的麻烦吗？还会出现比如说我们失去的 5 年吗？

中曾根：我认为历史是要发展的，现在日本执政的总理大臣，还有将来会出现的日本的政治家，一定要认为日本和中国，还有日本和韩国的关系十分重要。如果没有日本和中国、日本和韩国这样的友好关系的话，大概就没有日本的将来。

白岩松：从这个角度来说，我们很佩服您的远见，因为今年正好是中日邦交35周年的纪念年。这个时候我们就想到了在1972年中日实现邦交，我听说您当时对田中角荣首相说，要同中国建交，我会支持你。您为什么在那个时候就会认为，一定要跟中国建交，您的想法是什么？

中曾根：当时还处于冷战时代，日本和当时的苏联是一种对立的状态。但是考虑到和中国的关系的时候，日本曾经对中国造成了很多的苦难，有这样的一个历史，国家是需要对这个问题进行反省的。所以我当时就认为，日本政府应该在反省的基础上，和中国恢复友好关系，建立正常的友好关系，我认为这是当时政治家的责任。

白岩松：虽然因为乒乓外交，中国和美国的关系发生了改变，但是，真正中美建交已经是1979年了，可是1972年的时候，中日两国就实现了邦交正常化，这个背后，您以及田中角荣首相，包括日本的政治界是如何考虑的？为什么这么快就实现了中日之间的邦交了？

中曾根：日本与中国的关系和日本与美国的关系是不一样的，因为日本和中国是非常近的两个邻国。当时民间之间的交流也在逐渐增加，所以我想通过政治的力量、通过政治家、通过政府，来恢复日本和中国的关系正常化，这是当时的政治家的一个责任。

当时整个世界的情况都有所变化，中国加入了联合国，并且成为安理会常任理事国。再有，日本也曾经有对中国发动过战争并且添了很多负担的历史。所以我认为，作为邻国的日本，应该清算这些过去的历史，然后开辟一个新的时代，我当时有这种非常强烈的决心，认为作为一个政治家，要尽到这样的责任。

白岩松：今天进到您的事务所里，我看到了一张非常珍贵的照片，就是您跟周恩来总理的合影，我不知道这么多年过去了，您印象中的见面留下了哪些精彩的故事？您的记忆是什么？

中曾根：对于我来讲，印象非常深的就是周恩来总理还有邓小平这两位先生。在邦交正常化的时候，我们感到周恩来总理他是以非常宽大的胸怀，促进了日中邦交的正常化。所以说，我们被他这种个人魅力所感动，也可以说因为他的个人魅力，实现了日中邦交正常化。

白岩松：我听说周恩来总理在跟您见了面之后，就认定您会成为未来的日本首相，是有这样的事情吗？

中曾根：是这样。我在之后见到周恩来总理夫人的时候，她跟我说，周恩来在见到你的当天晚上，回家的时候，就跟我讲，中曾根这个人今后一定会当日本的总理大臣，他当时有过这样的预言。我 1973 年到中国去访问的时候，有一次，1 天之内我见了周恩来总理 3 次，一共进行了 7 个小时的会谈。最后会谈结束是在深夜的 1 点钟，结束以后，我们走到外面去，要上车的时候，周恩来总理给我披上了一件外套。那时我深受感动。

白岩松：周恩来总理和田中角荣先生以及您，共同开创了中日的一个新的开始。但是邓小平先生和日本的政治家，又把这种开始向前推了很大一步。您对跟邓小平先生交往的记忆是什么样的？

中曾根：我和邓小平先生曾经见过好几次，有一次我问他你人生当

在中曾根康弘先生这间最多20平方米的办公室里，大量存放的是他从政生涯中留下的物品，有与各国领导人会见的影像，有日本各界人士跟他互赠的礼品，显得既有些杂乱，又有趣味。

中最高兴的事情是什么？他说是和蒋介石国民党打仗，然后把他们打败了，共产党渡过了长江。这个时候，他心里边已经有自信了，说我们能够胜利，这个时候是他最高兴的时候。

白岩松：但是他可能更高兴的是，在他的带领下，中国一步一步开始改革，变得跟过去的面貌完全不一样。我想知道您那个时候几次跟邓小平先生打交道，是否已经感觉到中国在他的带领下，已经开始发生了变化？

中曾根：因为他当时给我介绍了他自己有关建设中国的一个计划。他非常强有力地指出，一个是要提高生产力，再有一个就是不能让共产党堕落，要有一个精明强干的共产党。

白岩松：因为在改革刚刚开始的时候，邓小平先生到日本访问过，并且对日本的发展印象非常深刻。我想知道，您在几次跟邓小平先生见面的时候，谈论很多的是不是经济？那个时候是不是也因此开始了中日在经济方面的合作？

中曾根：那时我们话题的中心是经济交流，但同时邓小平先生也给我介绍了很多有关他的改革开放的内容。

白岩松：很多人知道，您在1985年的时候，参拜过靖国神社，您当时为什么要去？而更让人好奇的是，为什么你只去了这一次，后来就再也不去了？

中曾根：我本人也参加过战争、体验过战争，并且我的弟弟是在战争中死掉的。所以说，在战争之前，靖国神社是一个国家机构，战后它才变成了一个普通的宗教组织，这里边有很多战争时期牺牲的人，我们叫作英灵的灵魂。但是到1985年为止，日本政府，还没有哪一个人以国家的名义去安慰这些灵魂，对他们表示感谢，并且让他们安息，这种行为从来没有过。我当了总理大臣以后，认为应该以一个总理大臣的名义、以政府的名义，去安慰这些战争中牺牲者的灵魂，所以我就去了。但是去了以后，引起了周边各国很多反应，也引起了摩擦。那个时候我想，自己作为一个总理大臣已经参拜了，已经尽职了，以后我就没有再去参拜。

白岩松：不管是作为老朋友的邓小平先生还是胡耀邦先生，是否跟您谈到过参拜靖国神社的问题？

中曾根：没有过。

白岩松：您后来为什么没有再去了？您的思考是什么？

中曾根：因为参拜以后，中国政府也提出了见解，我们了解到了中国政府的考虑，我是出自尊重政府的考虑来采取的行动。

白岩松：但是之后我注意到，您跟后来几届的首相，也公开发表过意见，反对现在的内阁总理大臣去参拜靖国神社，这个时候您的考虑又是什么呢？

中曾根：我这是一个自戒，说给自己的一种心情。当然，对于现任的总理大臣，我认为都是要靠自己的信念来行动的，我们不好去说他们怎么怎么样。但是同时我认为，作为总理大臣，要考虑周边各国人民的感情。

白岩松：我听说您也经常思考，在面对靖国神社问题的时候怎么去解决它，甚至你会想新的方案，这样的话，可以让中、日、韩等国家更好地向前走。我不知道您思考的解决这个问题的方案是什么？

中曾根：这些事情，可能其他一些政治家也都会考虑，但是目前还没有达到一个国民总体认知这样的水平。比如说另外建一个纪念碑，这也是一个方案。

白岩松：您觉得这个问题会不会在一段并不长的时间内解决，让中、日、韩国家可以没有包袱地向前走？

中曾根：我认为这个问题的关键就在于下一届总理大臣，或者是下下一届总理大臣，他们是否有自己的信念来行动。

白岩松：现在的中日关系，跟20年前又有所区别，现在中国经济发展很快，同时日本在中国的投资也很多，双方的贸易额超过了2000亿美金，但也存在着比如说能源还有东海等很多问题。您觉得在这样新的情况下，中国和日本应该怎样相处才是最好的？

中曾根：现在的中国和过去的中国是不一样了，可以说现在的中国已经是一个大国了，世界上的大国。既举办奥运会，同时也举办世博会，所以已经是有很强力量的国家了。我想日本必须考虑一下怎样和这样一个大国交往。

白岩松：我听说您在中国，还有两个愿望要实现，一个是要去江西的胡耀邦的墓地去看一下。另一个是去西藏，要坐一次青藏铁路上的火车，是这样吗？

中曾根：是这样。去年是胡耀邦先生诞辰90周年，所以我在他的墓地周围种了90棵樱花树。现在还有一个愿望，就是想亲眼看一看西藏。

白岩松：但是听完您的这个愿望之后，我作为一个晚辈，非常不好意思，因为到现在，我还没有走过青藏铁路，担心自己会受不了。您没有想过这个问题，对身体是一个很大的挑战？

中曾根：没有什么可担心。

白岩松：为什么会有这样的梦想？和西藏有关的？

中曾根：一个是我在童年的时候，上初中的时候，历史书里边就出现过西藏，当时我就非常感兴趣，想总有一天我要去看一看。再有一个，中国的中央领导，大部分都是在西藏发挥了能力，创造了成绩的，所以这一点我也非常感兴趣。

中曾根康弘恐怕是里根总统在亚洲领导人当中最可信任的朋友。作为日本鹰派的领导人，中曾根康弘在上个世纪八十年代，与美国总统里根、英国首相撒切尔、德国总理科尔一起，共同构筑了全球“保守主义”阵线。加上他英语也很好，在许多场合经常跟里根贴耳讲“悄悄话”。

御手洗：

日本财界总理

御手洗富士夫，是日本大名鼎鼎的佳能公司的总裁，也是日本经济团体联合会（简称“经团联”）的会长。经团联会长，在日本素有“经济首相”的称号，可见经团联对日本经济的影响力。采访御手洗先生是一个周五的下午，采访组从另一个采访地点东京郊区的我孙子市赶过来，正逢东京的大堵车，赶到时已经迟到了十几分钟，一再向主人表示歉意。

采访日本经团联的现任会长、佳能总裁御手洗先生的路上，正逢东京周五大堵车，结果紧赶慢赶，还是迟到了15分钟。

我们常开玩笑说北京堵车差不多是天下第一了，后来才发现北京在堵车上依然是社会主义初级阶段，依然是发展中国家。在东京最后一天，我们遭遇了一次令人发狂的堵车，短短的不到50公里的路程我们走了3个小时，请注意，是在高速公路上。

早就听说过东京堵车，前几天我们也经常会遇到小面积的堵车，但是这样严重的堵车我们至今还是第一次遇到。我们竟然被堵了近3个小时，这个堵车的水准的确达到了发达国家的水平。我们走的那条高速公路上只有两个车道，日本的好多交通设施都有一定程度的老化迹象，这条高速公路旁边没有任何的紧急车道，所以一点儿办法也没有，只有“死路一条”。

我们换了3种方法走，最后还是迟到了15分钟，这在日本是非常非常不礼貌的一种行为，当然我们一路上也不断地打电话解释。一见面，御手洗先生表示非常理解，说这在日本是常事。所以经历了这次堵车，我们才明白为什么东京的地下交通那么发达，因为大家都不愿意走地面上的交通。今天的堵车，也让我们见识了日本应对交通拥堵的服务，可以说非常人性化，很值得中国的交通部门借鉴。在堵车的过程中，在高速公路上，我们随时都能看到路边大屏幕上的显示，例如“从哪儿到哪儿堵车，如果你要走完这几公里的路程需要多长时间”。这个显示的时间非常精确，因此我们赶紧根据提示离开高速，走了不久又看到一个大屏幕提示，上面显示刚才的那条高速公路拥堵状况有所缓解，通过那段路已经由刚才的30分钟变成了15分钟，我们马上又开回了高速。司机随时可以根据提示选择路线，非常方便。另外它的GPS定位系统也和交通台完全联网，提供堵车服务，提示哪条线堵，哪条线正在堵等。

我们一到达目的地立即开始采访。因为御手洗先生3点之后有重要活动，我们的采访延后了15分钟，急得一旁的工作人员直跺脚，不得不打断了我们的采访。

很有意思，“御手洗”这三个字，在日文中是“厕所”的意思。一个人怎么会用“厕所”来给自己起名字呢？我们问同行的日本人才知道，“御手洗”如果作为姓名使用，发音跟“厕所”是不一样的。日文虽然跟中文有时文字相同，但意思和使用的方法经常大不一样。

今年71岁御手洗富士夫先生周五刚从北京回到日本，一年的时间里他至少要两次往返于中日两国之间。谈到2007年体育文化交流年，御手洗先生侃侃而谈：“我拜访温家宝总理阁下的时候，给我留下印象非常深刻的一句话是，经济方面的交流，是非常重要的事情。但两国之间更长期的问题是文化的交流，这需要很长的时间。而且他还特别指出，在这些交流的背后还有一个人们之间心与心的交流。这对我来说，是一番印象非常深刻的话语。我认为确实如此，这也成为我们搞这个纪念活动的契机。”

“这次在北京我受到温家宝总理的亲切接见，我非常感动。其实我在去年9月份，曾经作为一个日中经济友好协会最高顾问，非常有幸地拜见了温家宝总理。我告诉他，希望阁下能够尽快访问日本。这次我再次重逢了总理阁下。因为这个事情已经定下来了，我跟总理说我很高兴，

身为经团联会长和佳能总裁，御手洗先生经常访问中国，与中国政界和企业界关系密切。有趣的是，采访时在御手洗先生的对面，放了一张很大的提示板，上面写满了准备回答的问题，可见他手下的工作人员准备得多么周到。

并且6个月就把这个东西谈妥了，真是很好。另外，为了进一步加强中日两国经济合作应该加强政治交流和民间交流，尤其应该以这次访问为契机加强民间交流。我们要讨论两国之间很多的共同课题，比如环境问题、能源节约问题、资源节约问题等。这些问题都是中国发展经济过程中出现的课题，日本也曾有过同样的问题，但已经解决了，我想两国应该在这些方面加强合作。展望今后，我们觉得有很多事要做。首先是2008年，《中日和平友好条约》签订30周年。同时，北京要开奥运会。2010年在上海又有一个上海万国博览会。所以，我们这两三年的活动，可以说是源源不断，一直要办下去。我们希望通过这样的交流活动，来促进我们之间的友好。我和温家宝总理之间，就这一系列问题，达成了一致的意见。"

说起中日文化体育交流，很多中国人都会想起帮助中国女排成为世界冠军的大松博文先生，以及现在正在中国训练的日本乒乓球运动员福原爱。可以说中日文化体育交流有着很好的传统，2007年的"中日文化体育交流年"内容更为丰富，不但包括文化、体育，还包括旅游、媒体、影视和青少年交流等领域。因此我们的话题自然提到了前几天在北京作为体育文化交流年中一个项目的一场成功的音乐会。

御手洗先生说："我来向您做个介绍。音乐会确实是开过了。我想按照顺序向您介绍一下我们这些活动。当初，12日我们搞了个交流会。同时，13日，搞了音乐会。19日我拜见了贵国的总理温家宝阁下，和温家宝总理阁下谈了有关交流年这方面的活动。4月份，我们要访问中国，举行一系列的活动。9月份，我们准备在中国搞一个关于日本的庆典，和中国方面共同庆祝。这个活动暂时定名为中日竞技交流会。从我们近期主要日程来说，就安排了这些内容。”

“前几天在北京的演出，日本的歌手到达北京首都机场之后，我听说有很多中国的年轻人到机场去迎接。歌手们受到了热情的欢迎。政府有责任为两国人民，特别是为肩负未来使命的年轻人，提供多方面的交流场所，如两国青年人的来往、留学等。同时，要为他们提供国民共同参加的、体验型的、群众型的交流活动。”

我们觉得中日两国举办一个中日文化交流年，就意味着是双方的事情。可能透过这样一个活动的举办，日本的朋友也能看到，中国现在是一种什么样的形象。我们很想知道，日本政府希望通过 2007 年中日文化体育交流年，给中国人塑造一个怎样的日本人的形象。

“我是这么想的，”御手洗先生说，“因为在中国人民当中，最新的电气化产品，或者是有关现代日本多方面的信息，已都流传到贵国去。通过这个交流活动，希望来展现一个现代日本和日本人的现实的平易近人的形象，以便促进对日本真正的理解，制造亲近感。”

“举办 2007 年的中日文化体育交流年，是政府搭建的一个很好的舞台，当然可能更多唱戏的人是来自民间的。整个活动进行当中，两国之间的人民，特别是肩负下一代两国关系的青少年，他们互相进行了交流，我们要为他们做好工作。同时，要为他们提供国民共同参加的、体验型的、群众型的交流。我想作为政府，应该做好这些服务方面的工作。”

“至于民间的参与方式问题我举个例子来说明，好比说，贵国的小学生、中学生，可以请他们到日本来，住在日本普通家庭那里，看看真实的日本人的生活怎么样。同样我们日本的年轻人，中小学生，也可以

我们对御手洗先生的名字发生了兴趣，因为在日本许多厕所也叫“御手洗”，后来才知道这个称呼跟日本皇宫有关系。在古代日本平民是没有姓氏的，后来日本开始实行国民造册登记，许多平民就以家乡的地名或者从事的工作来起名字，碰巧御手洗先生的祖先是在皇宫管理厕所的，于是就起名“御手洗”，作为姓氏就这么流传下来了。

到中国去，到中国的家庭当中去住一下、观看一下、体验一下，究竟贵国的生活怎么样。通过这种非常普遍而平易近人的方式，双方来互相认识对方的国家。”

御手洗富士夫在佳能株式会社工作了38年，在就任该株式会社社长之前，他曾在佳能美国公司工作23年，并创造了惊人的业绩。正是这段不同寻常的经历，使他清楚地认识到“真正的全球企业，不仅要与客户和地区社会建立联系，还要与企业的所在国家、地区以及大自然建立良好的关系，并承担起应负的社会责任”。在他就任佳能株式会社社长之后，更是提出了在“共生”文化背景下创造世界繁荣与人类幸福的企业宗旨。御手洗富士夫的这些理念得到了日本企业界的共鸣。2006年5月他被推选为日本最具影响力的商业机构——日本经济团体联合会的会长，在就职仪式上他谈得最多的还是中日关系。

“我坦率地说，对这个问题，我觉得这是一个非常现实的问题。举个例子，在中日邦交恢复正常化，也就是1972年的时候，中日之间的贸易总额，只有10亿美元左右。而现在已经突破将近2000亿美元了。经过35年的时间，就达到200倍，这个真是无可类比的。这充分说明了中国经济有了快速的发展，不但和日本有关系，对很多国家来说，同中国的贸易都是非常重要的。各种各样的国家，都要和中国进行贸易，进行经济活动。我觉得今后中国的经济发展不仅对日本，甚至对所有的国家来说都是一个巨大的商机。所以说，忽略和中国的关系，就谈不上哪个国家的经济，这个时代已经到来了。所以再总结一下，我们希望继续扩大同中国之间的贸易。我对这个问题是非常现实地来看待的，所以提出这么一个想法。”

当我们问到未来的中日经济会不会变得更热，以及为了让中日经济合作变得更好，还应该多做一些什么问题时，御手洗先生说：“因为关于经济方面的问题，去年10月份，安倍总理访问了温家宝总理阁下。用温家宝总理的话说，这是破冰之旅，这个我觉得很确切。你看以前的首脑都不谈话，都不交流，应该说是冰，因此这个形容我觉得很恰当。同样，将来温总理要到日本来，他自己说，这是融冰之旅。所以说我觉得，今后作为两国的首脑，互相要交流，互相要往来，这样才能够使所有方面的情况搞得更好。”

“现在中国正在实施‘十一五’规划和构建和谐社会，对此我认为日本应该提供大力支持，担负相应的使命，只有加强了两国的合作才能建设好发展型的友好关系。就像设计这次2007年中日文化体育交流年的标志。左边的C代表中国，右边的J代表日本，把这两个文字结合起来，就成了这一标识。”

最后我们把从北京带来的一幅书法送给御手洗先生，这是我们中央电视台原来的副台长，同时也是中国书法家协会理事写的，不过是在日本装裱的，所以这幅作品是一个中日合作的作品。然后我们用30秒的时间解释了一下这幅书法作品这四个字的意思：风华正茂，一般是形容年轻人的一种状态。我们觉得这个词送给御手洗先生是最合适的。第一，2007年中日文化体育交流年，一定呈现出很年轻的状态。第二，他从经济团体联合会这个角度来说，中日的经济也越来越有活力。第三，今天看到他也同样非常年轻。

走近东京歌舞伎町

东京著名的歌舞伎町，位于新宿区的中心地带，它分为一丁目和二丁目，简称为一条和二条。许多外国人以为歌舞伎町就是红灯区，这种说法不够准确。歌舞伎町实际上是东京大型的娱乐区域，汇集了大量的电影院、电玩、歌厅、酒吧、餐厅等等，是通宵营业的不夜城，是东京年轻人夜生活的重镇，如同北京的三里屯酒吧街。当然，色情业也是歌舞伎町的特色之一。

晚上，我们一起聚在后乐宾馆附近那家和民居酒屋，大家喝得痛快淋漓，一解10多天的疲乏。分手时，杉本小姐依依不舍，大家也有些伤感。这些天，杉本一直陪伴我们采访，她出色的翻译为我们的节目增色许多。

回到东京已经天黑了，在新宿附近的一家烤肉馆里请驻日本记者站的李卫兵一起吃饭，这家烤肉馆也是田蜜打工的地方，来这里吃饭也是给她捧场。

晚饭后，大家就近来到了东京著名的歌舞伎町。听说，这里好几条街区都是东京有名的红灯区，我们散步走了一圈儿，看到了好几家“风俗店”。这“风俗店”就是日本性服务商店的统称，在中国就该叫妓院了。不过日本的妓院比较含蓄，不像欧洲国家妓女上街拉客，她们都不出门，在门外有几个男人站着，偶尔低声对行人说几句“进来看看”之类的话。我们走过时，就有一两个人上前拉皮条，先问我们是不是中国人，然后说里面有日本妞，要不要玩玩？并保证 100%是日本妞，18000 日元玩个够。听口气，似乎妓女中有一些是冒充货。

其实歌舞伎町不完全是人们说的都是色情场所，还有许多服装百货商店，来这里逛街购物的人也不少，只不过妓院和色情场所在这里比较集中而已。

歌舞伎町一条里的这几家风俗店门面很小，但从门口的灯箱广告上看，信息量很大，各种贪色之人都可以在此找到适合自己的“口味”。

一到夜晚，东京的年轻人似乎全都涌到歌舞伎町来了。他们打扮入时，绝大多数人与色情无关，主要是与朋友相约，来泡酒吧、泡KTV、泡餐馆的。

东京今天又下雨了，提前营造了一种离别的感觉。来时落雨走时雨，而中间的日子一直是艳阳高照。

明天就要离开日本了，回想这紧张而忙碌的20多天，似乎了解了许多许多，又感到模模糊糊说不明白，理不出一个头绪来。也许看到的、经历的太多了，脑子的影像一大堆，一下子想不起来什么印象最深。也许要过上一段日子，拉开一段距离，才能慢慢理出一个头绪来。

最遗憾的事情是樱花未能如期而至，与我们失之交臂。不知道为什么，今年樱花的花期推迟了，往年这个时候樱花早已覆盖大地了。只要再等上两三天，我们就可以一睹整个日本沉浸在樱花之中的美丽景象了。

今天是我们采访组的集体“购物日”，整整一天，大家去了竹下道、三越、浅草、秋叶原，在这些商业区进行“最后采购”。大家也给同事们和家人买了一些礼品。

体验东京地铁

最后一天，我们是在工作中告别了日本。一早，我们其中一组人先去东京的地铁站，去体验和拍摄东京早高峰期间的交通状况，感受东京人乘坐轨道交通工具上班的情形，这是我们设计的体验日本生活细节的一集专题节目。

来日本之前就有人跟我们说，到了东京一定要体验一下东京的轨道交通，所以我们就和翻译邹大庆先生一起乘坐了东京的轨道交通。我们

到东京坐地铁是一件十分必要的事情，因为它实在太方便了。我们采访的许多日本人，上至高官、教授和企业总裁，下至普通平民，基本上都是以地铁为交通工具。偶尔在市内有自己开车的，都是有特别情况。东京地铁的线路之密集、与其他交通线路结合之密切，会使人感到在东京的任何一个位置都可以坐到地铁，它会方便而迅速地将你送到任何一个想去的地点。

东京地铁的日平均客流量达到1300万人次，是世界上客流量最大的地铁系统。由此可见，作为一个有1300多万人口的特大都市，东京民众绝大部分出行是依靠地铁的。同时，东京也是全亚洲最早拥有地铁的城市，1927年就开通了银座至浅草寺的路段。东京地铁服务之周密、环境之干净、上下班时之拥挤，都给人留下深刻印象。

所在的位置是饭田桥车站，是轻轨。邹大庆说：“我们现在是在东京正中间的位置，我们将从这里到日本比较繁华的新宿车站，然后从这里去看一看日本东京的交通状况。”我们出发的时间是早上8点钟，正好碰上周一，应该说是东京轨道交通最繁忙的时候。邹大庆说：“在日本，东京的地价在不断地上涨，一般普通的员工都没有钱住在东京城内，所以他们都住在东京郊外，每天要利用地铁来回通行，那么早上 7 点到上午 9 点和晚上 9 点钟左右是两个交通拥堵的高峰。”

明显感觉客流量增加了，耳朵里听到的都是大家的脚步声。邹大庆说：“新宿站是一个非常繁忙的车站，这个车站有地上 3 层和地下 3 层，一共由 6 个平面组成了一个立体的交通枢纽，大概有 5 个公司，包括轻轨公司和地铁公司 30 条线路在这里面混合。”

地铁的强大运力带动了城市的变化，新宿就是围绕着新宿地铁站发展起来的一个核心商业区。目前，东京的面积是 2187 平方公里，常住人口 1254 万人，正是依赖于发达的立体交通体系，这座城市顺利地运转着。有人说新宿站就是日本地铁的一个标志，因为平均每天大约有 3470 万人从这里经过，它是全日本最繁忙的一个地铁站。为了保障人们的顺利出行，地铁运营商充分考虑了出行高峰和低谷之间客流量的差异，科学精准地安排谷峰的车辆配置，使地铁经济高效地进行着。

方便、快捷固然是日本地铁的主要特点，车厢里的一些细节也给我们留下了深刻的印象，工作日上午 10 点以前座椅是竖起来的，10 点以后会自动放下。

在体验的过程中，我们看到乘客上下车的秩序井然，车厢里面都非常的安静，没有人说话，更没有人使用手机。车厢座位的颜色显著地区别开了手机使用的区域：在绿色区手机可以打开，但是不能通话；在红色区，是老弱病残用的专席，在这里，手机是被禁止开机的。除了有为老弱病残留的专用席位之外，还有给女性用的车厢。在早晨出行非常紧张的状况下，更多的女性应该是愿意接受这种服务的。最早实施女性专用车厢计划的是 2002 年名古屋地铁东山线。2005 年日本的 9 家私营铁路都设置了女性专用车厢。很多女孩在冬天都穿裙子，进了地铁你突然发现，在冬天的地铁车厢里，坐下来之后，后边的那个座椅底下都吹暖风，因此即使小腿是裸着的，依然很暖和。各公司的女性专用车厢不仅限于女性，小学生以下的儿童和男性残疾人，以及看护人员也可以乘坐。

女士专用车厢，一个让女性感到安全、轻松和温馨的地方。

乘坐了许多次东京的地铁，有两个最明显的感觉，一是车厢里非常安静，无论是人多人少，从来听不到大声喧哗，听不到有人打电话。二是很文明礼貌，即使在人挤的时候，大家也尽量谦让避免挤碰，看不到争抢座位的情况，更看不到在车厢里吃食品。总之，在东京坐地铁是愉快的。

在地铁里你会发现全是行色匆匆的人，而真正坐在地铁车厢里，确有一大半人都在睡觉，而且睡得很有秩序，不会歪斜，还有一部分人在玩各种手机游戏，还有一小部分人在看漫画，就是成年人也在看漫画。但是很少有人聊天，因为那样会干扰别人，所以基本上大家都是沉默的，这会让你有某种压抑感，但是同时它也是一种秩序和尊重别人的表现。

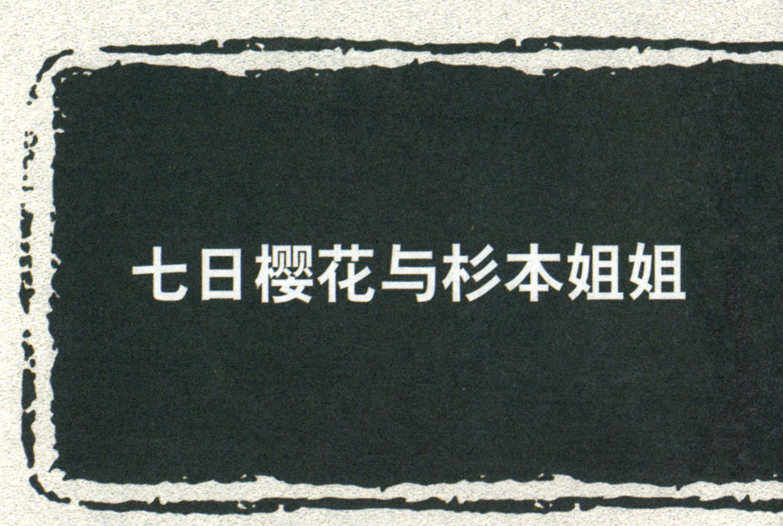

七日樱花与杉本姐姐

最后一天的中午，我们听到一个好消息：东京许多地方的樱花开了！等到和海燕一行会合后，我们告别了已经快住出感情的后乐宾馆，驱车前往著名的上野公园看樱花。

上野公园，这个名字我们几十年前就已经从鲁迅的文章中熟悉了。上野的樱花，对我们来说是一种传说，一种少年时的书本记忆。到了上野公园，发现这里已经是游人如织，都是赶来看樱花的，大概因为今年花期推迟，日本人也等着急了，樱花一开就赶来赏花了。

樱花是日本的国花。盛开时节，满树烂漫，如云似霞。一阵风过，花瓣如雪花纷飞，那种情调和气氛，无与伦比。在日本，赏樱的历史已有一千多年，是一种独有的文化传统。况且，樱花的花期十分短暂，从日本南方的九州岛开始盛开，陆续开到北方的北海道，只有七天时间，故有“七日樱花”之说。

东京最佳的赏樱地点，当数上野公园，这在鲁迅先生的《上野的樱花》中已经描写得十分充分了。我们来到上野公园，看到盛开的樱花树下，早已坐满了人。大家在树下摆上酒宴，或合家欢聚，或邀请好友，开怀畅饮好不热闹。这场面让我们感到动心。

走进上野公园，才感觉到樱花只有开在日本才叫樱花，才是鲁迅所说的“樱花雪”。

红的、粉的、白的，一树树、一片片，像彩云一样盖在头顶上。风吹花舞，只见樱花瓣儿像漫天雪片一样纷纷坠地，景致非常美丽壮观，这就是让日本人感动甚至心酸的“樱花雨”。日本人称樱花是“七日樱花”，因为它的花期只有 7 天，非常短促。每年在樱花盛开的时候，花期就像一片彩云，由南往北在日本的上空飘过去，很快就凋谢在了北方。所以许多人会从日本南部的鹿儿岛开始，一直追着樱花走，一直追到北海道，这样在他们看来就能多留住几天樱花。

上野公园不仅有樱花，还有许多文物，但因为怕误了飞机，我们不得不惜别上野公园，驱车前往成田机场。

在机场办理登机手续时，冒出了一个很棘手的问题，行李超重，而且超出了近 200 公斤！望着一大堆摄影器材，我们想可能来日本时行李

日本人对樱花的喜爱，对赏樱的重视，从这些女士的衣着打扮就看得出来。日本女人只有在重大节日和活动时，才会穿上和服。我们在上野公园里，看到许多日本女人身着和服与樱花留影。这样一看，和服与樱花还真的十分相配，彼此映衬。

也超重了，但北京首都机场毕竟是咱们自己开的，人家没吱声就放行了。可是现在是在日本机场，解释半天，人家只同意减去 50 公斤，剩下的死活要我们补行李票。一算，要补 14000 多元人民币，相当于两个人返回日本的机票了！

咬牙，减行李。摄影器材不能扔，个人物品不能扔，最后大家把目光一起投向一个大纸箱，那是杉本姐姐特意送给我们的日本大米，因为我们都十分喜爱吃日本大米，她就托人从日本最好的大米产地运来一箱今年生产的大米，30 公斤，让我们带回中国跟家人分享。

一看这种情形，同组的赵海燕差点哭出来了，小声说："别把杉本姐姐的大米扔下，别把杉本姐姐的大米……"我们只好说："要么放下大米，要么放下赵海燕！我们也舍不得杉本姐姐这份情谊，但把它运到中国实在太昂贵了，差旅费无法报账啊。"

即使除去了 30 公斤大米，我们还补了近 1 万元人民币的行李票！这

为了在樱花树下抢到一席之地，许多人家和公司都派出“先锋队”，早早来到上野公园抢占好位置，然后大队人马陆续赶到。这两位男士显然是被派来抢位置的，可能一大早出门，睡眠不足，现在利用等人的功夫补上一个“回笼觉”。

使我们更加想念北京的首都机场。

说到杉本姐姐，她是我们此次采访活动的专职翻译，她对中国的特殊感情、出色的翻译，都让我们感触至深。杉本姐姐的丈夫在日本的国会从事环境调查工作，跟着太太也学了不少中国话，完全可以结结巴巴地跟我们交谈。他还是中国留学生后援团的骨干成员，平时假期里，经常带着中国留学生找工作、郊游、搞联谊活动。他手头上就有一大堆照片，是刚刚带着十几位中国留学生去滑雪时拍摄的。这是一个非常可爱的家庭，夫妇好，儿子女儿好，一切都好。

在上野公园里，到处可以见到这种临时搭建的垃圾箱，因为赏樱的游客众多，为了保持公园的干净环境，公园方面就搭建了这些垃圾分类箱。我们所至之处，除了摩肩接踵的游客，除了满地的樱花瓣儿，见不到地上一张乱扔的废纸，所有的垃圾都被自觉装入分类垃圾箱中。这件事情让我们议论了很久。

日本人是极少把客人带回家吃饭做客的，再好的朋友也就是站在家门口聊天而已。但我们听说，杉本小姐经常把中国来的客人带回家做客，弄得邻居们都习惯了，一见有生人从她家出来，都会用中国话问候：“你好！”我们就受到了邻居的这种礼遇。

杉本姐姐是地地道道的日本人，但是却说着一口流利而地道的中文。你听她说中文，感觉她就是中国人，因为她说的中国话没有一点儿口音，是标准的普通话。

杉本姐姐不是一个人，而是姐妹俩。虽说都是年近50的人了，但每天都精力充沛。早上一定要化妆，而且化得很精致，甚至于我们第一次见面的时候，感觉杉本姐姐也就是30多岁的人。

杉本姐姐这次是主动找到我们，提出义务为摄制组作专职翻译的。而且我们总认为是杉本姐姐给我们带来了好运。因为在此之前，在日本的采访内容虽然有了，但因为日本人通常至少提前3个月就已经定好了工作安排，因此当我们提出两三个星期后就要来采访的时候，十几个候选被采访对象中，几乎没有一个人明确表示可以接受采访。而自从认识了杉本姐姐之后，所有的困难竟然迎刃而解。

现在，杉本姐妹开了一个翻译公司，主要的工作就是为日本的各大公司做中文翻译，小杉本姐姐甚至还为日本天皇做过翻译。她做翻译的酬金在全日本是最高，而日本每年的3月份，就相当于中国的春节前夕，

在日本20多天的采访结束了。返回中国时，在东京成田机场发现行李大量超重。咋办？摄影器材和个人物品总不能扔下不要了，于是我们把目光投向了一个大纸箱，那是我们的杉本姐姐特意从日本大米产地新潟为大家购买的当年出产的大米。好不心疼啊，多好吃的日本大米，那是杉本姐姐的一片心意啊，我们却不得不将它留在了成田机场。

从某种意义上说，杉本姐姐是我们这次赴日采访的最大收获（右三）。她热爱日本又热爱中国。她的朋友中日两国各占一半。她说她有两个母国，一个是日本，一个是中国。她的中文说得跟日文一样流利，使人很难从语言上来判断她到底是中国人还是日本人。她的丈夫在日本国会工作，每年冬天必须做一件事情：邀请一批中国留学生到北海道去滑雪。她就是我们采访组特聘的日语翻译：杉本智生女士。

也是业务最忙的时候。但是当听说我们要做这个节目的时候，杉本姐妹竟然推掉了所有的业务，一心一意为我们做翻译。她们说，自己的养母和生母之间无论发生过什么样的不愉快和不理解，当儿女的都理应帮助化解这种矛盾，两个母亲和睦相处，孩子们才会快乐。

走进机场里面，很远了，我们还回头看那箱大米，它孤零零地躺在成田机场候机大厅里，一动不动，好像在为我们送行。我们心里突然涌出一种感动，是那种有些难过的感动。这幅画面，这种情绪，一直伴随我们走进机舱，告别日本。

20 天过去了，日本留给我们的印象，就像刚才突然涌出的情绪一样，很复杂，难于言表。

镜中印象

白岩松

如果日本是一面镜子，那么我们在这面镜子当中都照到了什么？

出发之前，我们在网上开始征集网友的意见和提问，这个想法提出之后，一段时间连我自己都含糊。网络，是一个很多人说话不必为自己负责的地方，在以往的印象里，尤其是面对日本这个话题，愤青与偏激的语言更是无处不在，这一次，能有变化吗？

出乎我们的意料，不到一个月的时间，征集来的意见与提问铺天盖地，而其中最多的是支持与理性。不得不承认，这一个结果，给了我最大的信心，也让我明白，我们的人群中，理性并不缺乏，只不过更多的时候，理性隐藏在沉默的大多数里，让你感觉不到，可它又无处不在。

出发的时候，我带上厚厚的网友建议与提问，那是我到达日本时“最重的行李”。

初到日本，无论在东京还是在大阪，硬件冲击力已经不像10多年前那样强烈，甚至与北京、上海、深圳等地比起来，还看得出一些落后的地方，比如东京的高速公路只是单向双车道，大街小巷边到处都是杂乱的电线杆等。

没办法，我们拥有后发优势，东京的建设是20世纪60年代的故事，而北京、上海更多打下的是近10年的印记，所以，日本的硬件，已经没什么太多可说的。

于是，也容易因此简单地骄傲起来，以为我们都可以，都行了。

那就仔细看看日本的软件吧！

在一个城乡结合部的地方，一个废庙旁边的简易厕所，刚开始我以为那里边肯定不会有手纸，可一进去，赫然发现刚换了不久的新手纸，谁换的？背后的流程是什么？

上完厕所，一洗手，新的震撼又来了，洗手池是马桶的水箱盖，这样，你洗手的水又流进了马桶的水箱，水资源就这样被循环利用。

在地铁里，即使是朋友共同出行，车厢内也很少交谈，避免打扰别人，接手机也到车厢结合部，“别人”成为被尊重的名词。

在中国，老张、老李、张老、李老，“老”字随处可见，意味着一种尊重，可在日本，即使对方80岁，这个“老”字你也要慎用，人们小心谨慎地维护着老年人的尊严，让他感觉自己还年轻，还被社会需要。

当然还有过街时，红绿灯真的起作用，很少见到有人红灯时横穿马路；服务业的人员是真的为您服务，那谦卑和顺从的态度，甚至有时让你不自然起来；几乎每一个残疾人的设施都被很好地维护着，而不是被占用……

我知道，我还可以写很多，我也知道，日本还有太多的另一面，比如年轻女孩子的“援助交际”，比如日本人的压力，比如晚上醉酒后日本人的另一面……

但是，还是把日本软件中的优点拿回来吧！它是我们需要的，也是我们强大的另一种标志，有时强大并不来自数字，而是人们发自内心的微笑。

我们了解日本吗？不！

日本了解我们吗？是的，如同几十年前的上世纪初一样。

在日本20天，我每天用1个多小时的时间整理日本5份最重要的报纸，《读卖新闻》《朝日新闻》《产经新闻》《日本经济》和《每日新闻》，这5份报纸在日本人的生活中扮演着极重要的角色。其中《读卖新闻》的日发行量超过1000万份，为世界第一大报，而日本的人口只有1.3亿人。

整理什么呢？整理这5份报纸对中国的报道量。

20天下来，感触颇深，一是量大，平均每张报纸每天关于中国的报道都在6条以上，超过美国的报道量，成为日本本土以外最被关注的国家；二是面广，不仅中国的大新闻不会遗漏，社会百态、民生素描也能时常看到；三是相对客观，不客观甚至戴有色眼镜的报道也时常见到，但总体上客观，以陈述事实为主；四是实际，对于日本来说，中国的经济拥有强大的吸引力，而日本又是一个绝对实际的国家，对中国经济的关注，在报道之中，占据了最大的分量。

那么我们呢？如果我们被情绪绑架，失去对现实日本了解的欲望，那么，我们会不会还失去另外的一些什么呢？

在日本，我们总能看到中国传统文化对日本的影响，比如文字，比如建筑，比如唐诗和宋词。

同样在日本，我们也时刻感受到日本当代文化对中国的影响。比如动漫，比如时尚，比如流行音乐。

那么，我们当代文化对日本的影响多吗？回答是否定的，这个答案并不让人愉快。

我们的确该低下头来仔细想一想。

自从回来之后，上上下下，里里外外，听到很多好话，这么多的好话不会让我得意，因为这些年，有些事情极其相似，进步并不大。比如10多年前《东方时空》开播，老百姓兴奋地给予表扬，其实并不是《东方时空》做得多好，而只是做了电视该做却一直没做的事情。此次同样如此，不是做得有多好，而只是承担了媒体原本就该承担的责任，除去歌舞升平，媒体的空间其实还有很多，除去现实利益，媒体还有好多责任需要承担，而面对一些掌声，我们都该惭愧：走了很久，其实也还刚刚出发。

面对任何一个变化着的国家，没人能够毕其功于一役地看完，日本如此，其他国家也同样。我们也许还会去日本第二次、第三次。也许，我们已经开始准备去看俄罗斯、印度甚至朝鲜。我知道，对此你会吃惊，其实我也一样。但我相信，目标的实现，就是从有勇气的梦想开始的。

下一次出发的时候，请投上你关注的目光。

是到了该说谢谢的时候了，其实从第一个字开始，背后就有谢谢的含义，但总是觉得文字无法替代心中那一份温暖的谢意，但是在此，也只能以文字的方式来表达。

没有双方外交部、外务省以及大使馆的努力，此次是无法成行的；没有相关领导的宽容与支持，这一切也只是水中月镜中花。

特别是在看日本过程中，翻译杉本大姐及其家人的帮助，让看日本变得容易，而哪一天，如果可以把她们一家的故事讲出来，一定是中日之间一个美好的篇章；还有负责我们日本之行的公司的每一个员工，都使看日本难忘并愉快；当然，也要把感谢带给在日本每一个接受了我们采访的人，正是他们的坦诚相告，才使得人心之间的距离不那么让人畏惧。

当然，还有我的同事，从领导到兄妹。

最后要谢谢每一个看了节目和本书的观众和读者。

好了，就先到这儿吧，感谢与感动是永远没有尽头的，而这，也正是我们下一次出发的动力与理由。

致 谢

历经许久此书终于上市，在此一年多的努力中，衷心地感谢以下朋友对此书出版事宜的支持与帮助：

总主持人：白岩松

总策划人：刘爱民

策　　划：任　涛　叶　闪

编　　导：赵海燕　陈　开

摄　　影：重汉卿　郭宏峰

翻　　译：杉本智生

采访协助：邹大庆

祝诸君平安顺泰，家和事兴！